Bernd Groot-Wilken
Portfolioarbeit leicht gemacht

Bernd Groot-Wilken ist wissenschaftlicher Referent für Evaluation im Ministerium für Schule und Weiterbildung NRW und Mitautor des Buches „Pädagogische Qualität in Tageseinrichtungen für Kinder – Ein nationaler Kriterienkatalog".

Bernd Groot-Wilken

Portfolioarbeit leicht gemacht

Leitfaden zur systematischen Dokumentation
von Bildungsverläufen in Tageseinrichtungen

Ihre Wünsche, Kritiken und Fragen richten Sie bitte an:
Cornelsen Verlag Scriptor, Redaktion Frühe Kindheit,
Willy-Brandt-Platz 6, 68161 Mannheim

Ihre Bestellungen und Anfragen richten Sie bitte an:
Marketing, 14328 Berlin, Cornelsen Service Center,
Servicetelefon 030 / 89 785 89 29

ISBN 978-3-589-24552-9

Alle Rechte vorbehalten

© 2008 Cornelsen Verlag Scriptor GmbH & Co. KG, Berlin · Düsseldorf · Mannheim
1. Auflage 2008

08   09   10   11   12   5   4   3   2   1

Redaktionsleiterin: Ulrike Bazlen, Mannheim
Lektorat: Sigrid Weber, Freiburg i. Br.
Herstellung: Erik Störmer, Mannheim
Satz: Markus Schmitz, Büro für typographische Dienstleistungen, Münster
Druck und Bindung: Druck Partner Rübelmann GmbH, Hemsbach
Umschlaggestaltung: Claudia Adam Graphik-Design, Darmstadt
Titelfotografie: Kath. Kindertagesstätte, Solingen

Printed in Germany

Weitere Informationen finden Sie im Internet unter
www.cornelsen.de

Inhalt

Einleitung

Die Diskussion über das Arbeiten mit Portfolios im frühkindlichen Bereich wird seit einiger Zeit intensiver geführt. Unter anderem erkennt man das an den Publikationen, die nun nach und nach zu diesem Thema erscheinen. Sie reichen von theoretischen Grundlagen bis hin zu praxisbezogenen Materialien und geben einen breit gefächerten Blick über die Möglichkeiten in der Portfolioarbeit.

Die vorliegende Publikation verfolgt einen anderen Ansatz. Es geht darum, in der Arbeit mit dem Portfolio verschiedene Perspektiven auf das Kind zu entwickeln und es in ein pädagogisches Konzept einzubinden. Damit wird das Portfolio nicht isoliert als eine weitere Möglichkeit von Partizipation und Dokumentation betrachtet, sondern als wichtiger Baustein zur Planung und Umsetzung von Erziehungs- und Bildungsprozessen. Dokumentation — hier in Form des Portfolios — wird zur wichtigsten Quelle für das Wissen über einzelne Kinder.

Mit dem Portfolio sind Fachkräfte bestens vorbereitet, das nötige Wissen und ihre vorhandene Erfahrung systematisch zu erfassen und zu archivieren. Dadurch wird eine individuelle pädagogische Planung möglich und eine optimale Förderung der Kinder gewährleistet. Dies unterstützt die in den Bildungsvereinbarungen der Länder festgeschriebenen Anforderungen, in bildungspolitisch zentralen Bereichen, wie beispielsweise Sprachentwicklung, Bewegungsförderung, kognitive und sozial-emotionale Entwicklung, gezielt und individuell zu dokumentieren und auf dieser Grundlage Förderangebote zu entwickeln. Dieses Buch unterstützt Leiterinnen und Teams darin, die Arbeit mit dem Portfolio in ihr Konzept aufzunehmen.

Im ersten Kapitel werden die theoretischen Grundlagen des Portfolios entwickelt. Es gibt einen Überblick über verschiedene Arten des Portfolios, seine Elemente und Anwendungsbereiche. Darüber hinaus wird mit der kindorientierten Pädagogik ein pädagogisches Konzept erläutert, in das die Arbeit mit dem Portfolio so eingebunden wird, dass sich daraus optimale Fördermöglichkeiten entwickeln lassen. Im zweiten Kapitel werden Materialien vorgestellt, die bei der Arbeit mit dem Portfolio genutzt werden können. Im dritten und letzten Kapitel wird ein Modell beschrieben, das Teams ermöglicht, die Arbeit mit dem Portfolio systematisch in die pädagogische Arbeit der Einrichtung zu integrieren.

Pädagogische Dokumentation mit Portfolios

1.1 Grundlagen der Arbeit mit Portfolios

1.1.1 Was sind Portfolios?

In der neueren Diskussion über die Bildungs- und Entwicklungsdokumentation von Kindern in Tageseinrichtungen taucht der Begriff „Portfolio" immer häufiger auf. In verschiedensten Zusammenhängen wird er unterschiedlich benutzt und doch ist im Kern immer Ähnliches gemeint. Dennoch fehlt eine Schärfung und Abgrenzung des Begriffes, um die Besonderheit der Portfolioarbeit beschreiben zu können. Deshalb soll an dieser Stelle der Begriff zunächst etymologisch erläutert werden.

Der Begriff Portfolio setzt sich aus den lateinischen Worten portare (dt. tragen) und folium (dt. Blatt) zusammen. In der französischen Sprache gibt es das „Portefeuille" (dt. Brieftasche), in dem ebenfalls diese Bedeutung mitschwingt. Heute versteht man unter Portefeuille bzw. Brieftasche vor allem ein transportables handliches Behältnis für die Aufbewahrung von Geld und wichtigen Dokumenten, wie beispielsweise eines Personalausweises, Führerscheins oder einer EC-Karte. Früher trugen Handwerksgesellen und -meister ihre Gesellen- und Meisterbriefe sowie andere Empfehlungen in einem Portefeuille mit sich, Kunsthandwerker, Architekten und Künstler eine Sammlung von Zeichnungen und Arbeitsproben. Damit bewarben sie sich um neue Aufträge. Da die Reisenden bei ihren Wanderungen nicht unendlich viele Dinge mit sich tragen konnten, mussten sie ihre aussagekräftigsten Werke auswählen, die den potentiellen Auftraggebern den bestmöglichen Eindruck über ihre Fähigkeiten bot.

In der modernen Gesellschaft hat sich die Bedeutung ausdifferenziert und auf weitere Bereiche des gesellschaftlichen Lebens ausgedehnt. So lassen sich Bereiche benennen, in denen das Portfolio eine wichtige Funktion einnimmt:

- In der **Wirtschaft** ist damit eine Sammlung von Wertdokumenten bzw. Anlagen gemeint, die dem Besitzer möglichst hohe Gewinne oder Renditen bringen sollen. Am häufigsten wird der Begriff in Verbindung mit der Börse gebracht.

- Auf den **kreativ-künstlerischen Berufsbereich** trifft die ursprüngliche Bedeutung von Portfolio am stärksten zu. Für die Bewerbung zu einem Kunst- oder Designstudium wird vom Bewerber eine Mappe mit Arbeitsproben angefordert, mit der er seine Fähigkeiten dokumentieren soll. Anhand dieser Mappe wird entschieden, ob der Bewerber überhaupt für den Studiengang geeignet ist. Aber auch ausgebildete Künstler oder Designer bewerben sich mit einer Sammlung von Arbeitsproben für Aufträge, Ausstellungen und Anstellungen.

- Im **Marketing** wird mit einem Portfolio die Zusammenstellung der vom Unternehmen angebotenen Produkte und Dienstleitungen beschrieben. Die bekanntesten Formen sind gedruckte und mittlerweile auch digitale Kataloge.

- In der **institutionellen Bildung** (Schulwesen) werden seit einiger Zeit vermehrt Portfolios eingesetzt. Eine Vorreiterfunktion hatten diesbezüglich sprachliche Fächer: In Sprachenportfolios konnten Schülerinnen und Schüler ihre ersten Erfahrungen und Lernerfolge in der „neuen" Sprache festhalten. Mittlerweile werden Portfolios auch in anderen Fächern genutzt. In einigen Fällen unterstützen Portfolios die Lehrkräfte bei der Beschreibung der Leistung von Schülern. Sie dienen aber auch den Schülerinnen und Schülern dazu, eigene Lernfortschritte zu erkennen.

Seit einiger Zeit wird nun auch im frühkindlichen Bildungsbereich über den Einsatz von Portfolios diskutiert. Zwar sind die Publikationen über ihren Einsatz in Tageseinrichtungen für Kinder noch sehr spärlich, in vielen Teams wird aber über die mögliche Verwendung eines Portfolios diskutiert und zum Teil auch bereits damit gearbeitet. Was ist unter einem Portfolio für die Arbeit in einer Tageseinrichtung für Kinder zu verstehen?

Ein Portfolio ist eine Mappe bzw. ein Ordner, in der/in dem Dokumente, wie z.B. persönliche Arbeiten, Zertifikate, Beobachtungen und Analysen, zusammengetragen und aufbewahrt werden. Es werden Lerninhalte sowie Lernstrategien und -ziele kontinuierlich beschrieben und analysiert. Zudem ermöglicht die Arbeit mit dem Portfolio die Reflexion und Evaluation von Lerninhalten und -erfahrungen der Kinder.

Es handelt sich also um eine systematische Dokumentation von sozialen, emotionalen und kognitiven Fähigkeiten und Fertigkeiten der Kinder. Diese wird nicht nur von den pädagogischen Fachkräften genutzt, sondern auch von den Kindern, die damit selbstständig ihre Entwicklung, Kompetenzen, Interessen und Vorstellungen ihrem Alter entsprechend festhalten können.

Ein Portfolio ist mehr als die Zusammenstellung von verschiedenen Dokumenten: Es ist das Zusammenspiel von pädagogischer Intention, Planung und Förderung. Nur wenn in das Portfolio relevante Informationen über die Kinder einfließen und diese dann auch wieder für die Planung pädagogischer Prozesse genutzt werden, ist die Arbeit mit einem Portfolio sinnvoll. Mit dem Portfolio gewinnt man einen Einblick in Lerninhalte, -strategien und -ziele eines jeden Kindes.

Das Portfolio zeichnet sich durch folgende Aspekte aus:

- Es enthält die wichtigsten Informationen und Produkte der Kinder.

- Mit einem Portfolio wird kontinuierlich und regelmäßig gearbeitet.

- Es ist individuell und persönlich, immer auf ein Kind bezogen und beschreibt dieses umfassend.

- Im Portfolio werden unterschiedliche Dokumentationsformen und -methoden verwendet.

- Es wird als Ausgangsbasis für pädagogische Planungen genutzt.

- Kinder und Familien sind an den Portfolioarbeiten beteiligt.

- Das Portfolio gehört den Kindern.

- Es ist jederzeit für die Kinder und Familien zugänglich.

- Portfolios dienen zur Präsentation bei Dritten, z.B. der Vorstellung des Kindes in der Grundschule.

1.1.2 Wofür sind Portfolios geeignet?

Einrichtungen, die eine effiziente Erziehungs- und Bildungsarbeit leisten wollen, sind darauf angewiesen, für die Planung und Initiierung des Erziehungs- und Bildungsprozesses Informationen zu sammeln, sie auszuwerten und in ein adäquates Angebot umzusetzen. Dazu beobachten Fachkräfte die Kinder und führen mit den Familien regelmäßige Gespräche. Um die vielfältigen Informationen nutzbar zu machen, wird in jeder Tageseinrichtung dokumentiert. Dazu bedienen sich Fachkräfte unterschiedlicher Methoden, die jeweils immer nur eine bestimmte Perspektive auf das Kind bieten. Im Portfolio vereinigen sich hingegen unterschiedliche Methoden und es dokumentieren nicht nur die Fachkräfte, sondern alle am Erziehungs- und Bildungsprozess beteiligten Personen.

Die Dokumentation mittels Portfolio dient als:

- Darstellung der Kompetenzen, Fähigkeiten und Fertigkeiten der Kinder

- Grundlage für die Planung und Umsetzung einer kindorientierten Pädagogik (vgl. Groot-Wilken 2007), d. h. einer individuellen Förderung jedes Kindes

- Grundlage für Entwicklungsgespräche und Erziehungspartnerschaften (vgl. Groot-Wilken/ Warda 2007)

- Grundlage für Reflexionsprozesse von Fachkräften

- Grundlage für Selbstbildungsprozesse sowie Entwicklung von Lernzielen, -strategien und -themen von Kindern

- Hilfe beim Eruieren von Fortbildungsbedarfen

- Material für die Begleitung der Bildungsbiografie eines Kindes.

1.1.3 Welche Arten des Portfolios gibt es?

Das Portfolio für die Arbeit in Tageseinrichtungen für Kinder setzt sich aus vier Portfolioarten zusammen: Entwicklungsportfolio, Kompetenzportfolio, Familienportfolio und Vorstellungsportfolio (→ Abb. 1). Alle vier Arten haben andere Funktionen und werden jeweils in einem

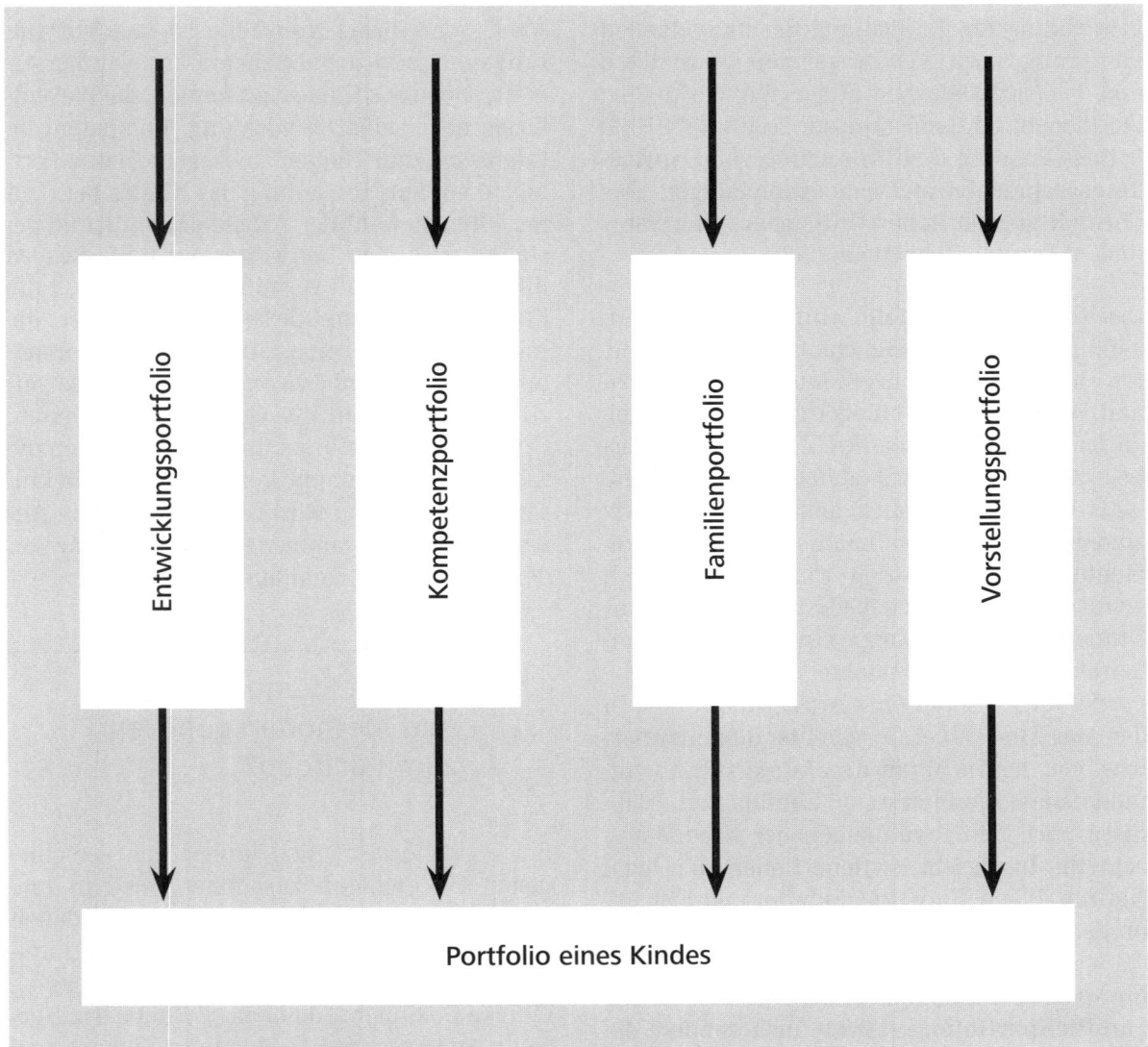

Abb. 1: Die Bestandteile des Portfolios

separaten Ordner bzw. einer separaten Mappe – im Falle des Lernportfolios auch ein Karton oder eine Kiste für Gegenstände – geführt. Sie sind den verschiedenen Beteiligten jederzeit zugänglich, d. h. das Entwicklungsportfolio den Fachkräften der Gruppe, das Kompetenzportfolio den Kindern und das Familienportfolio den Familien.

Das Entwicklungsportfolio wird von den pädagogischen Fachkräften angefertigt. Sie dokumentieren alle wichtigen Informationen über das Kind, die sie von Eltern und anderen externen Kooperationspartnern bekommen, sowie die eigenen Beobachtungen und Erfahrungen. Diese Informationen sind vertraulich, da sie unter anderem persönliche Informationen über die Familien enthalten können. Sie stehen ausschließlich den pädagogischen Fachkräften der Einrichtung für die Planung der individuellen Förderung sowie von Angeboten, Aktivitäten und des pädagogischen Alltags zur Verfügung. Sie dienen als Gedächtnisstütze und als Hilfe bei der Planung und Umsetzung von Entwicklungsgesprächen und Fallbesprechungen. Das Entwicklungsportfolio wird sicher aufbewahrt und ist Dritten nicht zugänglich.

Das **Kompetenzportfolio** wird von den Kindern geführt. Mit ihren Möglichkeiten dokumentieren sie ihre Kompetenzen, Interessen, Themen und Wünsche. In der Regel geschieht das dadurch, dass sie ihre Werke (Zeichnungen, Bastelarbeiten, Fotos etc.) abheften. Darüber hinaus können aber auch andere Medien, wie zum Beispiel Videoaufnahmen und Tondokumente sowie Skulpturen zur Dokumentation genutzt werden. Dazu bedarf es neben eines Ordners bzw. einer Mappe eines Ortes zur Aufbewahrung der Dokumente. Das Kompetenzportfolio wird somit eine Art Lerntagebuch, in dem das Kind seine „Geschichte" dokumentiert bzw. von der Fachkraft dabei unterstützt wird, indem diese die Interessen, Gefühle und Erlebnisse nach den Erzählungen der Kinder aufschreibt. In diesem Portfolio finden sich auch Notizen, Pläne, Entwürfe, Skizzen und Arbeitsproben der Kinder.

Ein weiterer Bestandteil eines Portfolios ist das **Familienportfolio**. Familien, insbesondere die Eltern bzw. Erziehungsberechtigten der Kinder, haben ein großes Interesse an der Bildungsgeschichte sowie der sozialen und emotionalen Entwicklung der Kinder. Im Rahmen einer Erziehungspartnerschaft, also der gemeinsamen Zielperspektive von Einrichtung und Familie auf die Entwicklung der Kinder, ist es wichtig, dass sie die Möglichkeit haben, Informationen und Werke der Kinder in einem Teil des Portfolios zu dokumentieren. Oftmals wissen pädagogische Fachkräfte nur sehr vage, wie die Kinder ihre Zeit außerhalb der Einrichtung verbringen. Familien können diese Informationen bereitstellen und somit die individuelle Förderung ihres Kindes positiv gestalten. Neben regelmäßig stattfindenden Entwicklungsgesprächen ist das eine der Hauptmöglichkeiten, Transparenz im gemeinsamen Erziehungs- und Bildungsprozess herzustellen.

Als Essenz dieser drei Teile ist das **Vorstellungsportfolio** zu verstehen. Darin werden Arbeitsproben des Kindes gesammelt, die Wesentliches über seine Entwicklung, Kompetenzen, Interessen und Themen aussagen. Dieses Portfolio dient zur Vorstellung des Kindes bei Dritten. Die Auswahl der Arbeitsproben ist so gestaltet, dass dem Betrachter ein umfassendes Bild über das Kind vermittelt wird. Je älter die Kinder sind, desto stärker werden sie in die Auswahl der Arbeitsproben für das Vorstellungsportfolio einbezogen. Sie können es mit zur Vorstellung in die Grundschule nehmen. Grundschullehrerinnen und -lehrer können die Kinder so schon einmal kennen lernen. Ein Präsentationsportfolio wird nur zu konkreten Anlässen aktuell zusammengestellt und zwar von den Fachkräften, Familien und Kindern.

1.1.4 Welche Elemente und Methoden gehören zum Portfolio?

Ein Portfolio setzt sich immer aus verschiedenen Dokumenten zusammen, die ein umfassendes Bild des Kindes aus verschiedenen Perspektiven (Kind – pädagogische Fachkraft – Familie) ergeben. Auf der Grundlage dieser vielfältigen Dokumente dient das Portfolio dazu, gezielte Angebote und Aktivitäten zu planen und umzusetzen. Wie bereits erwähnt, unterstützt es somit den Erziehungs- und Bildungsprozess des Kindes individuell.

Der methodischen Vielfalt von Dokumentation ist fast keine Grenze gesetzt. Was umsetzbar ist, kann prinzipiell auch in einem Portfolio angewendet werden. Vier Gruppen von Dokumentationsformen lassen sich unterscheiden. Zunächst gibt es den großen und klassischen Bereich der schriftlichen Aufzeichnungen. Dazu gehören alle Dokumentationen, die sich der Schriftsprache bedienen und in gedruckter, handgeschriebener und digitaler Form vorliegen. Zu den audiovisuellen Medien gehören im Wesentlichen sämtliche analogen und digitalen Bild- und Datenträger (Dias, Video, DVD etc.). Ein weiterer Bereich umfasst die Tonträger (Kassetten, CDs etc.) und schließlich gibt es die bildnerischen und skulpturellen Dokumente, das heißt die zwei- und dreidimensionalen Werke der Kinder (→ Abb. 2).

Alle vorgestellten Dokumentationsmethoden sind unabhängig von der Art des Portfolios einsetzbar. Im Folgenden werden zentrale Methoden und Dokumentationsformen vorgestellt.

Schriftliche Aufzeichnungen

Im Portfolio sind schriftliche Aufzeichnungen sowohl von den pädagogischen Fachkräften als auch von den Familien und den Kindern selbst zu finden. Allerdings geben sie jeweils unterschiedliche Informationen wieder, die für die pädagogische Planung und für Gespräche nutzbar sind.

Für pädagogische Fachkräfte sind schriftliche Aufzeichnungen über die Kinder eine grundlegende Quelle für die Planung von pädagogischen Prozessen und Aktivitäten. Dabei gibt es sehr unterschiedliche Formen, die jeweils divergente Blickwinkel erfassen, aber auch die persönlichen Neigungen der pädagogischen Fachkräfte widerspiegeln — dem einen Menschen liegt es näher, Texte zu verfassen, einem anderen Checklisten auszufüllen.

Tagebücher

Eine klassische Dokumentationsform ist das Schreiben von Tagebüchern. Diese können

sich sowohl auf ein einzelnes Kind als auch auf Kleingruppen oder die ganze Gruppe beziehen, enthalten aber in jedem Fall Aufzeichnungen über jedes einzelne Kind. Im Wesentlichen werden darin der Alltag, die Angebote, die Aktivitäten sowie das Verhalten, die Fähigkeiten und Fertigkeiten, die Wünsche und Interessen der Kinder beschrieben.

In der Regel handelt es sich bei Tagebuchaufzeichnungen um kürzere oder auch längere Fließtexte. Fachkräfte, die sich für diese Form der individuellen Dokumentation im Rahmen des Portfolios entscheiden, sollten gerne Texte schreiben. Folgende Themenbereiche müssen kontinuierlich dokumentiert werden:

- Kompetenzen (kognitive, sprachliche, sozial-emotionale, motorische, feinmotorische, mathematische, naturwissenschaftliche, musische und kreative)
- Spielpartner, -situationen und -themen der Kinder
- Interessen, Bedürfnisse und Wünsche der Kinder
- Verhalten im Alltag
- Interaktion und Kommunikation mit Erwachsenen (pädagogische Fachkräfte und Eltern).

Karteikarten

Mit Karteikarten können auf übersichtliche Art und Weise die wesentlichen Aspekte über einzelne Kinder dargestellt werden. Für jedes Kind wird in einem Karteikasten ein Bereich angelegt, der entweder chronologisch oder nach Themen sortiert wird. So können pädagogische Fachkräfte schnell auf die wichtigsten Informationen zugreifen. Die Aufzeichnungen sind kurz und knapp, die dokumentierten Themen dieselben wie in den Tagebüchern.

Beobachtungsverfahren

Seitdem pädagogischen Fachkräften durch Bildungsvereinbarungen die Aufgaben der Beobachtung und Dokumentation der Kinder oftmals in Verbindung mit einer stärkeren Kooperation mit den Familien übertragen worden sind, kommen immer öfter standardisierte Be-

Portfolio			
	Enwicklungsportfolio	Kompetenzportfolio	Familienportfolio
Schriftliche Aufzeichnungen	• Tagebücher • Karteikarten • Beobachtungs- und Diagnoseverfahren • Aufzeichnungen von Entwicklungsgesprächen • Aufzeichnungen von Fallbesprechungen und Fachgesprächen	• Erste Schriftproben der Kinder • Lerntagebücher	• Berichte aus den Familien
Audiovisuelle Medien	• Fotos • Filmmitschnitte		
Audiovisuelle Medien	• Analoge und digitale Tonträger		
Bildnerische und skulpturelle Dokumente	• Exemplarisch ausgewählte Arbeitsproben der Kinder zur Verdeutlichung einer Kompetenz oder Entwicklung	• Zwei- und dreidimensionale Arbeitspoben der Kinder	• Von den Fachkräften und Kindern ausgewählte Arbeitsproben für die Familien
Vorstellungsportfolio	• Repräsentative Auswahl aus allen Portfolioarbeiten		

Abb. 2: Die Elemente des Portfolios

obachtungs- und Fragebögen zu den Bildungsbereichen zum Einsatz. Die meisten Verfahren fokussieren auf ausgewählte Themen und Aspekte, so dass die Fachkräfte ausgewiesenes Wissen über ein einzelnes Kind bekommen. Der Einsatz dieser Checklisten, wie beispielsweise die Leuwener Engagiertheitsskala, der Gelsenkirchener Entwicklungsbegleiter oder die SISMIC, ist für ein Portfolio in Verbindung mit einer kontinuierlichen Dokumentation sehr empfehlenswert.

Aufzeichnung von Entwicklungsgesprächen

Ein wichtiger Bestandteil der Aufzeichnungen von Fachkräften sind die Verläufe von und Ergebnisse aus Entwicklungsgesprächen (vgl. Groot-Wilken/Warda 2007). Aus systematischen und gut vorbereiteten Entwicklungsgesprächen ergeben sich viele Hinweise auf Förderbedarfe und Interessen von Kindern. Insbesondere durch die elterliche Perspektive ergibt sich ein „anderer" Blick auf das Kind, durch den neue Impulse für Erziehungs- und Bildungsprozesse gegeben werden. Die Notizen sollten im Entwicklungsportfolio der pädagogischen Fachkraft eingeordnet werden.

Aufzeichnungen aus Fallbesprechungen und Fachgesprächen

In vielen Einrichtungen finden regelmäßige Fallbesprechungen statt, bei denen einzelne Kinder in Teamsitzungen in den Mittelpunkt gestellt werden und ausführlich über diese Kinder gesprochen wird. Dabei fließt das ganze Knowhow des Teams ein. Somit können bestimmte Bedarfe oder Problemstellungen intensiv diskutiert und eine adäquate Lösung gefunden werden. Ebenso gibt es Einrichtungen, die Gespräche mit Sozialpädagogen, Therapeuten oder Ärzten, die mit dem Kind arbeiten, führen. Die aufgezeichneten Ergebnisse dieser Gespräche gehören ebenfalls in das Entwicklungsportfolio einer Fachkraft.

Berichte aus den Familien

Familien haben die Möglichkeit, sich an den Portfolios ihrer Kinder zu beteiligen, indem sie kurze Berichte über Familienaktivitäten oder über das Kind in ein Familienportfolio heften

können. Es ist hilfreich, wenn Familien zu Zielen, die in Entwicklungsgesprächen oder im Rahmen von Erziehungspartnerschaften vereinbart werden, kurze Informationen für das Portfolio beisteuern.

Erste Schriftproben der Kinder

Die meisten Kinder entdecken im fünften Lebensjahr die Buchstaben. Meistens fangen sie damit an, dass sie ihren Namen oder „Mama" und „Papa" schreiben wollen. Ältere Kindergartenkinder entwickeln ihre Schreibkompetenz schnell weiter. Sie wollen beispielsweise ihre Bilder selbst beschriften oder andere Dinge beschreiben oder aufschreiben. Diese ersten Schreibproben sollten mit in das Kompetenzportfolio der Kinder aufgenommen werden.

Audiovisuelle Medien

Die meisten schriftlichen Aufzeichnungen sind durch die Sichtweise der Fachkräfte oder Eltern subjektiv gefärbt. Das lässt sich auch bei größtmöglicher Objektivität kaum vermeiden, da der eigene Blick und das eigene Verständnis unweigerlich in die Dokumentation mit einfließen. Schriftliche Aufzeichnungen sind immer schon eine „Zusammenfassung" des Erlebten. Mit audiovisuellen Medien können Originaldokumentationen erstellt werden, wenngleich es auch hierbei keine absolute Objektivität geben kann. Dadurch besteht für Kolleginnen, Familien oder andere Dritte die Möglichkeit, das Kind in ausgewählten Situationen „live" zu erleben. Sie können sich somit ein eigenes Bild machen und müssen sich nicht ausschließlich auf schriftliche Aufzeichnungen stützen. Mit den heute zur Verfügung stehenden digitalen Datenträgern haben sie noch nicht einmal mehr ein Archivierungsproblem.

Fotos

Fotografien von Kindern, Kleingruppen, Aktivitäten und Projekten der Gruppen, vom pädagogischen Alltag und von den Familien, unterstützen die Dokumentation und somit die Planung von pädagogischen Prozessen, da sie punktuell bestimmte Blickwinkel auf eine Situation herausgreifen und diese verdeutlichen. Fotos für ein Portfolio können von Fachkräften, Familien und natürlich von Kindern gemacht werden. Je nachdem, wer die Fotos gemacht hat, erfüllen sie eine andere Funktion. Fotos haben in einem Portfolio im Wesentlichen sechs Funktionen:

- Sie unterstützen die schriftlichen Aufzeichnungen der Fachkräfte bildlich.

- Sie unterstützen die Fachkraft, z. B. bei Fallbesprechungen im Team, bei Entwicklungsgesprächen mit Familien oder bei der Beschreibung der Kinder in der Tageseinrichtung bzw. Kindergruppe.

- Sie erfassen Situationen, die schriftlich nur schwer oder gar nicht beschreibbar wären.

- Sie zeigen dreidimensionale Arbeitsproben der Kinder und können in den Portfolioordner eingeheftet werden.

- Fotos, die von den Kindern selbst gemacht worden sind, zeigen die Welt aus dem Blickwinkel der Kinder.

- Fotos, die von den Familien mitgebracht werden, bieten Fachkräften einen Einblick in das familiäre Leben.

Digitale Fotografien sind problemlos zu speichern und können den Kindern am Ende der Kindergartenzeit auf CD oder DVD gebrannt als Abschiedsgeschenk mitgegeben werden. Wenn die Fotos mit Datum und einem Titel beschriftet sind, beschreiben sie chronologisch die Kindergartenzeit der Kinder und zeigen sie in vielen unterschiedlichen Situationen mit anderen.

Videosequenzen

Videosequenzen haben dieselben Funktionen wie Fotos. Das Besondere ist jedoch, dass man ein Abbild der ganzen Situation bekommt. Anders als bei Fotos sind einzelne Handlungen, Interaktionen und die Kommunikation der Kinder erfassbar. Filmmitschnitte bieten ein größeres Spektrum an Beobachtungsmöglichkeiten und unterstützen somit die anderen Formen der Dokumentation. Gerade bei Kindern mit besonderem Förderbedarf sind Videografien ein wichtiger Bestandteil, um individuelle Fördermaßnahmen zu planen und umzusetzen. Sie dienen auch als Quelle für Fallbesprechungen: Teams können sich die Situationen gemeinsam anschauen und analysieren.

Auch für die Kinder ist es spannend und herausfordernd, die Welt aus der Perspektive einer Kamera zu betrachten. Sie können zu bestimmten Themen alleine oder in Kleingruppen kurze Filmdokumentationen anfertigen. Diese sind sowohl für die Fachkräfte und Familien eine informative Wissensquelle als auch für die anderen Kinder der Gruppe.

Wie die Fotos können diese Filme am Ende der Kindergartenzeit auf eine DVD gebrannt werden und als Teil des Portfolios den Kindern mit auf den weiteren Lebensweg gegeben werden. Fotos und Filme eigenen sich auch für Vorstellungsportfolios.

Tonträger

Tonträger helfen zum einen den Fachkräften bei der Planung und Entwicklung pädagogischer Aktivitäten und Prozesse, zum anderen können Kinder mit Tonaufnahmen experimentieren. Man kann sowohl mit analogen Kassetten arbeiten als auch mit digitalen Formaten. Die digitalen Formate haben den Vorteil, dass sie lediglich auf einen PC gespeichert werden müssen und dann ebenso zu gebrauchen sind wie die digitalen audiovisuellen Medien.

Tonmitschnitte können von den Fachkräften und von den Familien in gemeinsamen Entwicklungsgesprächen genutzt werden oder um Dritte (Sozialpädagogen, Ärzte oder Therapeuten) über bestimmte Problemlagen oder Bedarfe zu informieren. Fachkräfte können aus diesem Material Informationen für die pädagogische Planung gewinnen, aber auch sehr dezidierte Informationen über bestimmte Kompetenzen der Kinder — beispielsweise über deren Sprachkompetenz — gewinnen. Anhand der von den Kindern geführten Interviews oder erstellten Reportagen lassen sich aber auch Themen für die Planung ableiten.

Kindern bietet dieses Medium ein Experimentierfeld. Sie können Interviews mit Kindern aus der Gruppe, mit Familienmitgliedern oder mit Fachkräften zu den unterschiedlichsten Themen führen. Sie können aber auch Geschichten oder Reportagen zu den sie interessierenden Themen erstellen, die dann in das Portfolio aufgenommen werden sollten. Eine weitere Möglichkeit besteht darin, Tonmitschnitte für das Lerntagebuch anzufertigen. Gerade jüngere Kinder können sich mit diesem Medium gut mitteilen. Tondokumente sind auch dann hilfreich, wenn die Fachkraft nicht die Möglichkeit hat, die Gedanken aller Kinder selbst handschriftlich aufzuzeichnen.

Bilder und Skulpturen

Arbeitsproben der Kinder

Einen wichtigen und großen Bereich eines Portfolios machen die Arbeitsproben der Kinder aus. Hierunter fallen alle von ihnen erstellten Werke: angefangen von den Zeichnungen und Gemälden, ersten Schreibversuchen über Skulpturen bis hin zu Umbauten von Puppenecken oder Rollenspielbereichen. Im Prinzip lohnt es sich, alles für das Portfolio nutzbar zu machen, was hilft, die Entwicklung und die Kompetenz der Kinder zu erfassen und zu beschreiben. Dabei ist es wichtig, eine Auswahl zu treffen, die ein umfassendes und vielschichtiges Bild vom Kind zeichnet, um die Fachkraft bei der Planung von individueller Förderung zu unterstützen. Diese Originaldokumente sind eine sehr gute Grundlage zur Beschreibung unterschiedlicher Kompetenzen, Fertig- und Fähigkeiten.

Das Sammeln und Archivieren der Arbeitsproben ist eine kontinuierliche Aufgabe während der gesamten Kindergartenzeit und wird somit zu einer umfassenden Dokumentation der unterschiedlichen Entwicklungsstände des Kindes im Laufe der Zeit. Kleinere Entwicklungsschritte wie auch größere Entwicklungssprünge lassen sich damit nachzeichnen, aber auch punktuelle oder langfristige Interessen und Themen der Kinder.

Im Laufe der Kindergartenzeit sammeln sich somit eine Menge Arbeitsproben der Kinder an. Nicht alle lassen sich in einer Mappe archivieren und um die Fülle der Dokumente und Skulpturen zu bewältigen, ist es ratsam, einmal im Kindergartenjahr die Sammlung durchzuschauen und diese zu reduzieren, indem nur eine Auswahl an zentralen Dokumenten behalten bzw. fotografisch dem Portfolio zusortiert

wird. Es bietet sich an, die aussortierten Werke den Kindern mit nach Hause zu geben.

Zu den Arbeitsproben der Kinder gehören:

- Zeichnungen, Collagen, Bilder (unterschiedliche Techniken), Skizzen und Bauzeichnungen
- Klebe- und Bastelarbeiten, Holzbauten, selbst gebastelte Schmuckstücke
- Selbst erstellte Kostüme und Figuren, Puppen
- Zerlegte und zusammengebaute Maschinen
- Erste selbst geschriebene Schriftstücke oder von der pädagogischen Fachkraft für die Kinder aufgeschriebene selbst erfundene Geschichten oder Gedichte
- Gebaute Buden, Umbauten der Funktionsbereiche.

Lerntagebücher

In Lerntagebüchern dokumentieren Kinder ihre eigenen Vorstellungen von Zielen, die sie erreichen möchten. Darüber hinaus können auch, je nach Alter, ihre Lernstrategien und -wege hinzukommen. Ziel eines Lerntagebuches ist, neben der Festlegung der eigenen Lernziele auch Themen und Aktivitäten für eine individuelle Förderung ableiten zu können. Da Kinder im Kindergartenalter noch nicht in der Lage sind, ihre Gedanken niederzuschreiben, gibt es vier Möglichkeiten diese zu fixieren:

- Kinder diktieren den Fachkräften ihre Gedanken und diese schreiben sie ins Lerntagebuch.
- Kinder sprechen ihre Gedanken auf einen Daten- oder Tonträger.
- Kinder malen oder zeichnen ihre Gedanken und die Fachkraft schreibt einen kurzen Kommentar dazu.
- Kinder schreiben ihre ersten Wörter auf und verbinden sie mit Bildern.

Lerntagebücher sind keine Dokumentationsform für die Fachkräfte, sondern dienen in erster Linie den Kindern. Sie sind jederzeit für sie nutzbar und enthalten nur ihre eigenen Gedanken. Die Notizen werden unter den folgenden Aspekten gesammelt:

- Das habe ich schon alles gelernt.
- Das möchte ich gerne noch lernen.
- Das interessiert mich gerade sehr.
- Darüber möchte ich mehr erfahren.
- Das möchte ich noch wissen.
- Das möchte ich gerne mal ausprobieren.

1.1.5 Wer nutzt ein Portfolio?

Im Wesentlichen gibt es drei Adressaten, für die ein Portfolio nutzbar ist bzw. die damit arbeiten: die pädagogischen Fachkräfte, die Familien – hier hauptsächlich die Eltern – und die Kinder.

Pädagogische Fachkräfte

In einem Portfolio dokumentieren pädagogische Fachkräfte die Kompetenzen, Fähigkeiten und Fertigkeiten, Interessen, Ideen, Themen, Wünsche, Vorstellungen und Gefühle der Kinder. Auf diese Weise können sie die Entwicklungsverläufe und Interessenentwicklungen für jedes Kind über den gesamten Zeitraum des Besuches einer Tageseinrichtung dokumentieren und somit auch Bedarfe erkennen. Angebunden an eine systematische und kontinuierliche Beobachtung sind Portfolios eine unerschöpfliche Quelle für die individuelle Förderung einzelner Kinder. Sie sind eine Grundlage für Angebote und Aktivitäten für einzelne Kinder, Kleingruppen und größere Gruppen sowie für die Gestaltung des Alltags.

Kinder

Für die Kinder ist das Portfolio der ständige Begleiter während der gesamten Kindergartenzeit, sie kennen und nutzen es von Beginn an. Sie können in ihm ihre Bilder, Zeichnungen, Fotos, erste Schreibproben, Tondokumente, Videos und viele andere Dinge ablegen. Diese von den Kindern eigenständig – in jüngeren Jahren mit stärkerer Unterstützung durch die pädago-

gische Fachkraft – angelegte Dokumentation ihrer Entwicklung und Kompetenzen gibt ihnen die Möglichkeit, die eigene Entwicklung regelmäßig zu betrachten und sich auch als jüngeres Kind immer wieder neu zu entdecken.

Eltern

Die Arbeit mit dem Portfolio erhöht die Transparenz in der Kommunikation zwischen den pädagogischen Fachkräften und den Familien. Durch die Möglichkeit, das Portfolio einsehen zu können und auf diese Weise die Entwicklung ihres Kindes genauer verfolgen zu können, bekommen Familien einen stärkeren Einblick in die pädagogische Arbeit der Einrichtung und ein schärferes Bild über ihr eigenes Kind in der Einrichtung. Da Familien prinzipiell die Möglichkeit haben, Beiträge zum Portfolio zu liefern, gestalten sie dieses auch aktiv mit und nehmen Einfluss auf pädagogische Angebote und Aktivitäten. Das bedeutet nicht zuletzt, dass sie im Sinne einer pädagogischen Kooperation indirekt an der individuellen Förderung ihrer Kinder in der Tageseinrichtung beteiligt sind. In diesem Kontext bekommen die Erziehungspartnerschaften zwischen Tageseinrichtungen und Familien eine besondere Bedeutung, werden doch in ihnen gemeinsame Ziele zur Erziehung und Bildung der Kinder vereinbart.

Externe Kooperationspartner

Teile des Portfolios dienen externen Kooperationspartnern dazu, sich einen Eindruck von den Kindern zu machen. In erster Linie sind das Grundschullehrerinnen und -lehrer der Klassen, in denen die Kinder eingeschult werden. Es können aber auch andere Personen sein, wie beispielsweise Sozialpädagogen, Ärzte oder Therapeuten, die beruflich mit den Kindern arbeiten.

1.1.6 Wie hängen Portfolios und die Bildungsvereinbarungen der Länder zusammen?

In den Bildungsvereinbarungen der Länder sind Bildungsprozesse und -bereiche sowie Lernfelder beschrieben. Bildung und Erziehung werden als ein zusammenhängender kontinuierlicher Prozess im sozialen Kontext verstanden, d. h. dass sich Kinder stets in Interaktion und Kommunikation mit ihrer Umwelt befinden. Kinder erforschen und entdecken ihre Welt selbstständig und werden dabei durch die Fachkräfte und Familien begleitet, unterstützt und gefördert. Wichtig ist nicht nur die Vermittlung grundlegender und übergreifender Kompetenzen, Fertigkeiten und Fähigkeiten, sondern auch die sozial-emotionale Entwicklung und die Stärkung der Persönlichkeit.

In vielen Bildungsvereinbarungen kommt der Projektarbeit ein großer Stellenwert zu, da sie den Erziehungs- und Bildungsprozessen von jungen Kindern sehr angemessen ist. In der Projektarbeit wird an die Kompetenzen, Fähigkeiten und Fertigkeiten, Interessen, Fragen und Bedürfnissen der Kinder angeknüpft. Dabei richtet sich der Fokus auf:

- Lernmethodische Kompetenzen, also auf selbstbestimmtes und -gesteuertes Lernen

- Intra- und interkulturelle Bildung

- Partizipation und Individualisierung

- Zentrale Bildungsbereiche wie

  - Sprache und Kommunikation

  - Soziale und emotionale Entwicklung

  - Bewegung und Gesundheit

  - Naturwissenschaftliches Wissen

  - Musische Bildung und Förderung von Kreativität

  - Kultur- und Umgebungswissen.

In dieses Verständnis von Pädagogik fügt sich das Portfolio problemlos ein. Es wird zum Ort, an dem das Wissen über und die Erfahrungen mit den Kindern gebündelt werden. Es wird zur Wissensquelle für Fachkräfte, Familien und Kinder, zur Grundlage für die Planung und Umsetzung von pädagogischen Aktivitäten und Prozessen.

Grundlegend hierfür ist ein **Bild des Kindes,** in dem das Kind verstanden wird als:

- Akteur seiner Bildungsprozesse

- Aktiver Lerner, von Geburt an

- Lerner, der seine eigenen Lernstrategien und -ziele selbst entwickelt

- Lerner, der in der Auseinandersetzung mit anderem und anderen steht.

- Lerner, der sich Bildungsprozessen stellt, die im Wechselspiel von Lernen, Wissen, Wertebewusstsein und Handlungsmöglichkeiten stehen.

Aus den Bildungsvereinbarungen lassen sich vier zentrale Aspekte ableiten.

Beobachtung

Für die Gestaltung von Bildungs- und Erziehungsprozessen wird die professionelle Beobachtung durch die Fachkräfte als Handlungskompetenz vorausgesetzt. Daraus wird das Wissen über Fähigkeiten und Fertigkeiten, Interessen, Bedürfnisse, Themen und Wünsche der Kinder gewonnen.

Dokumentation

In fast allen Bildungsplänen wird gefordert, dass Fachkräfte ihre Beobachtungen dokumentieren. Zwar wird nicht direkt von der Arbeit mit einem Portfolio gesprochen, es entspricht jedoch in jeder Hinsicht den Anforderungen der Bildungsvereinbarungen und dem ihnen zugrundeliegenden Bild des Kindes.

Pädagogische Planung

Die Dokumentation ist die Grundlage der pädagogischen Planung. Damit sie den Kindern gerecht wird, ist es unabdingbar, von deren Kompetenzen, Fähigkeiten und Fertigkeiten, Wünschen, Interessen und Themen als Grundlage auszugehen. Wenn in den Bildungsvereinbarungen von Erziehungs- und Bildungsprozessen die Rede ist, schließt das immer deren Umsetzung, basierend auf den Beobachtungen und Dokumentationen, mit ein.

Zusammenarbeit mit Familien

Im Sinne einer optimalen Förderung des Kindes ist die Kooperation der an diesem Prozess beteiligten Personen und Institutionen unabdingbar. Insbesondere die Familien sind Partner im kindlichen Bildungsprozess.

Aus den oben beschriebenen Aspekten lässt sich die Bedeutung des Portfolios für Erziehungs- und Bildungsprozesse schnell erkennen. Es hat an den Schlüsselstellen im Bildungsprozess eine unterstützende Funktion und bezieht alle Akteure ein. Es greift die in den Bildungsvereinbarungen beschriebenen Aufgaben auf und hilft, die pädagogische Arbeit zu optimieren.

1.2 Einsatzmöglichkeiten und Ziele der Portfolioarbeit

Das übergreifende Ziel des Arbeitens mit dem Portfolio ist die optimale Ausgestaltung von individuellen Erziehungs- und Bildungsprozessen. Dazu ist eine Dokumentation in den folgenden Bereichen bzw. zu folgenden Themenfeldern notwendig:

- Entwicklung des Kindes
- Lerninhalte, -strategien und -ziele
- Interessen und Vorstellungen des Kindes
- Fähigkeiten und Fertigkeiten
- Transitionsprozesse
- Spielthemen und -partner und Materialnutzung
- Kommunikation und Interaktion
- Projekte, Aktivitäten und Angebote
- Alltagsgeschehen und Routinen
- Individuelle Förderung
- Zusammenarbeit mit der Familie
- Entwicklungsgespräche.

Beobachtungen sind die wichtigste Quelle für Informationen über die Kinder. Beobachtungsmöglichkeiten gibt es immer, sowohl in Alltagssituationen als auch in initiierten pädagogischen Prozessen (Projekten, Aktivitäten und Angeboten). Das Portfolio bietet eine sehr gute Möglichkeit dafür zu sorgen, dass diese Informationen nicht verblassen oder gar verloren gehen.

1.2.1 Entwicklungsdokumentation

Eines der zentralsten und wichtigsten Dokumentationsthemen ist die Entwicklung von Kindern. Informationsquellen hierfür sind die Beobachtungen der Fachkräfte sowie Gespräche mit den Kindern und den Familien. Die Beobachtungen werden so dokumentiert, dass der Entwicklungsverlauf nachzuvollziehen ist und wesentliche Ereignisse und dessen Auswirkungen erkennbar sind.

Zur Entwicklungsdokumentation gehören in jedem Fall die wichtigen Bereiche der kognitiven, sprachlichen und sozial-emotionalen Entwicklung. Je differenzierter der Blick auf die Kinder ist, desto differenzierter sind die Aufzeichnungen, die wiederum viele Anregungen für die pädagogische Planung beinhalten. Innerhalb dieser drei Bereiche gibt es verschiedene Schwerpunkte für die Arbeit in einer Tageseinrichtung.

Kognitive Entwicklung

Unter kognitiver Entwicklung wird in der Fachwissenschaft der Komplex von Wahrnehmung, Denken, Erkennen und Erinnern bezeichnet. Im pädagogischen Kontext interessieren die dabei stattfindenden Prozesse sowohl in Bezug auf Alltagssituationen sowie explizite Lernprozesse. Es geht um die Entwicklung des Denkens, aber auch des begrifflichen Wissens, logischen Denkens, Regelverständnisses, Problemlösens, der Wahrnehmung und Psychomotorik.

In der pädagogischen Arbeit in Tageseinrichtungen für Kinder liegt für die Gestaltung von Erziehungs- und Bildungsprozessen der Schwerpunkt der kognitiven Entwicklung in den folgenden sechs Bereichen:

- Entwicklung von Begriffen

- Kategoriales Denken

- Problemlösung

- Entwicklung von Strategien

- Naturwissenschaftliches Denken

- Mathematisches Denken.

Sprachliche Entwicklung und Kommunikation

Ob Kinder bereits sprechen können, wenn sie eine Tageseinrichtung besuchen, oder ob sie es gerade lernen: In beiden Fällen werden sie dort beim Spracherwerbsprozess begleitet. Kinder gewinnen in dieser Zeit eine Menge neuer sprachlicher Kompetenzen hinzu.

Schon früh entwickeln Kinder ein Verständnis von Sprache, können menschliche Laute von anderen unterscheiden und später Laute ihrer Muttersprache von denen anderer Sprachen. Säuglinge jauchzen, glucksen und beginnen lautvoll zu lachen. Mit dem zweiten Lebensjahr sprechen sie dann ihre ersten Worte, bevor sich die Fähigkeit syntaktisch korrekte Sätze zu bilden ausprägt. Kinder lernen in sozialen Bezügen, das bedeutet, dass sie Sprache brauchen, um sich die Welt zu erschließen und mit anderen zu lernen. Dazu gehört nicht nur die Fähigkeit, sich sprachlich äußern, sondern auch mit anderen kommunizieren zu können. Kinder bringen durch Worte Bedürfnisse, Wünsche, Sorgen, Ängste, Freude und vieles andere zum Ausdruck. Die Sprache bekommt somit eine wichtige Funktion im Sinne des Aufbaus von kommunikativen Strukturen in einer Gruppe.

Sozial-emotionale Entwicklung

In diesen Bereich fallen nicht nur soziale Kompetenzen, wie die Konfliktlösungskompetenz, die Akzeptanz unterschiedlicher Meinungen und Unterschiedlichkeiten oder die Fähigkeit zum gemeinsamen Spielen. Auch die Entwicklung der Moral, die Vorstellung von Gerechtigkeit, Richtig und Falsch, Gut und Böse gehören hierzu. Darüber hinaus geht es um die Identitätsentwicklung, den Erwerb der Geschlechtsrolle sowie die Auseinandersetzung mit erwünschten und nicht erwünschten Verhaltensweisen. Dabei steht jeweils das Verhalten der Kinder, der Umgang miteinander und der Umgang mit Gleichheit und Unterschiedlichkeit im Vordergrund.

Ein Blick auf die skizzierten Bereiche zeigt, wie umfassend der Bereich der Entwicklungsdokumentation im Portfolio durch die Fachkraft ist. Es wird aber auch deutlich, dass diese Informationen nur erfassbar sind, wenn die Fachkräfte kontinuierlich und systematisch beobachten. Beobachtung und Dokumentation stehen also in einem unmittelbaren Zusammenhang. Beobachten ist neben Dokumentieren und pädagogischem Planen eine der wesentlichen Handlungskompetenzen von pädagogischen Fachkräften (vgl. Groot-Wilken 2007).

Weitere Quellen, aus der pädagogische Fachkräfte Wissen über die Kinder gewinnen, sind Entwicklungsgespräche mit Familien sowie Gespräche mit den Kindern. Diese beiden Quellen müssen ebenfalls für die Entwicklungsdokumentation im Portfolio genutzt werden.

Entwicklungsdokumentationen finden sich in allen Arten des Portfolios: im Entwicklungsportfolio in Form von Aufzeichnungen der Fachkräfte, im Kompetenzportfolio durch aktuelle Arbeiten der Kinder. Durch den systematischen Einsatz von Portfolioelementen (→ Kap. 2.1.4) lassen sich im Kompetenzportfolio auch Entwicklungsschritte durch die Kinder selbst dokumentieren. Das Lerntagebuch ist eine weitere Form, durch die Kinder ihre Entwicklungen beschreiben können, wenn sie beispielsweise erzählen, wie sie Fahrradfahren gelernt haben. Und schließlich können auch die Familien einen Beitrag zur Entwicklungsdokumentation leisten, indem sie eigene Beiträge zur Entwicklung ihrer Kinder, beispielsweise in Form von schriftlichen Aufzeichnungen oder Fotografien, ins Familienportfolio stellen.

1.2.2 Dokumentation von Lerninhalten, -strategien und -zielen

Eng verknüpft mit der Entwicklungsdokumentation ist die Dokumentation der Lerninhalte, -strategien und -ziele. Im Rahmen von Partizipationsprozessen in Form von Mitbestimmung und Mitgestaltung übernehmen Kinder die Mitverantwortung für ihre Lernaktivitäten. Das heißt, dass sie mitbestimmen, welche Themen in der Gruppe bearbeitet werden und diese auch mit gestalten. Fachkräfte können solche Prozesse initiieren, indem sie systematisch beobachten und Gespräche mit den Kindern über ihre Interessen und Wünsche führen. Die Verantwortung für die Ausgestaltung von Lernsituationen liegt weiterhin bei ihnen. Kinder können aber durchaus stärker in die Entscheidungs- und Gestaltungsprozesse einbezogen werden, um so verschiedene Möglichkeiten der Annäherung an ein Thema und dessen Bearbeitung kennen zu lernen und dieses Wissen für eigene Lernstrategien zu nutzen.

Neben dieser Form der Informationsgewinnung im Rahmen von Projekten, Aktivitäten und Angeboten ist aber auch eine systematische und kontinuierliche Beobachtung nötig. Beobachtet und dokumentiert werden sollten Aspekte zu den folgenden Themenbereichen:

- Womit beschäftigt sich das Kind? Womit überhaupt nicht?

- Wie nähert sich das Kind einem Thema?

- Welche Strategien nutzt das Kind, um Fragen oder Probleme zu lösen?

- Nutzt das Kind das Wissen und die Erfahrung anderer Kinder oder der Fachkräfte?

- Kann das Kind in neuen Situationen angemessen reagieren oder mit der Situation adäquat umgehen?

Im Portfolio finden sich die Dokumentationen zu Lerninhalten, -strategien und -zielen zum einen im Entwicklungsportfolio und zum anderem im Lerntagebuch der Kinder, im Kompetenzportfolio. Fachkräfte dokumentieren diesen Themenbereich am besten in ihren Tagebü-

chern zu den einzelnen Kindern. Es kann aber auch hilfreich sein, ein Gruppentagebuch zum Themenbereich „Lernstrategien" einzurichten, in dem für die einzelnen Kinder wie auch für die Kleingruppen alle relevanten Informationen gesammelt werden.

1.2.3 Dokumentation von Interessen und Vorstellungen der Kinder

Damit Kinder, wie im vorherigen Abschnitt beschrieben, in die Gestaltungs- und Mitbestimmungsprozesse eingebunden werden können, müssen ihre Interessen, Vorstellungen, Bedürfnisse und Wünsche bekannt sein. Kinder äußern diese zum einen durch ihre Handlungen. Sie wenden sich den Dingen zu und untersuchen, experimentieren, explorieren die Dinge und ihre Umwelt, sie eignen sich die Welt an. Zum anderen kommunizieren sie mit anderen Kindern oder mit den Fachkräften. Durch diese Gespräche sowie die Beobachtung der Tätigkeiten der Kinder bekommen Fachkräfte ausreichend Informationen über deren Interessen und Bedürfnisse, um diese in die pädagogische Planung einzubeziehen.

Vorstellungen der Kinder über Gerechtigkeit, Moral, über den Zusammenhang der Dinge sowie ihre Wünsche können Fachkräfte am besten in Gesprächen mit ihnen erfahren. Diese können im Gruppenalltag in Form eines kurzen Austausches stattfinden, können aber auch zu fest geplanten Zeiten geführt werden.

Die Dokumentation von Interessen, Vorstellungen, Bedürfnissen und Wünschen findet systematisch im Entwicklungsportfolio statt. Hilfreich können Hinweise durch die Familien im Familienportfolio sein. Hierzu kann auch eine vorgefertigte Checkliste hilfreich sein, die die Familien regelmäßig ausfüllen.

1.2.4 Dokumentation von Fähigkeiten und Fertigkeiten

Für eine optimale Förderung von Kindern sowie für die Planung von Projekten ist es notwendig, die Entwicklungsverläufe der Kinder wie auch ihre momentanen Fähigkeiten und Fertigkeiten zu kennen. Diese sind am besten im Alltag beobachtbar. Darüber hinaus werden anhand der Beobachtung und Dokumentation von Fähigkeiten und Fertigkeiten auch Bedarfe der Kinder deutlich.

Die Dokumentation dieses Bereichs findet im Portfolio an drei Stellen statt. Zunächst einmal können Kinder in ihrem Kompetenzportfolio durch die Arbeitsproben selbst dokumentieren, welche Fähigkeiten und Fertigkeiten sie besitzen. Mit Hilfe von Tonträgern und audiovisuellen Medien können auch einzelne Szenen mitgeschnitten werden und somit die Arbeitsproben ergänzen. Aber auch im Entwicklungsportfolio müssen sich systematische Aufzeichnungen über diesen Bereich finden. Letztlich haben auch hier wiederum die Familien die Möglichkeit die Fachkräfte durch eigene Beiträge im Familienportfolio zu unterstützen. Fähigkeiten und Fertigkeiten sind aber auf jeden Fall Bestandteil von regelmäßig stattfindenden Entwicklungsgesprächen (vgl. Groot-Wilken/ Warda 2007).

1.2.5 Dokumentation von Transitionsprozessen

Eine besondere Position nimmt die Dokumentation von Transitionsprozessen ein. Mit Transitionen sind Übergänge zwischen sozialen Systemen gemeint: Familie – Tageseinrichtung, Tageseinrichtung – Grundschule (vgl. Niesel/ Griebel 1997; Groot-Wilken 2006). Im Wesentlichen gibt es für alle Kinder, die eine Tageseinrichtung besuchen, zwei große Transitionen: in die Tageseinrichtung und in die Grundschule.

Für die meisten Kinder ist der Besuch einer Tageseinrichtung der erste Kontakt mit kontinuierlich anderen Bezugspersonen als den Eltern.

Der Übergang von der Familie in die meistens erste Bildungseinrichtung im Leben ist eine schwierige und sensible Situation, die der genauen Planung und Beobachtung bedarf. Die professionelle Vorbereitung unter Berücksichtigung der individuellen Voraussetzungen und Geschichte des Kindes macht einen guten Start in die Tageseinrichtung möglich. Je jünger die Kinder sind, desto wichtiger sind individuelle Planung und Umsetzung.

Für die Dokumentation des Eingewöhnungsprozesses sind folgende Leitfragen wichtig:

- Welche Vereinbarungen für den Übergang wurden mit den Familien abgestimmt? Kurze Beschreibung des Konzepts.
- Wie verändert sich das Kind in der Eingewöhnungsphase?
- Welche neuen Rollen übernimmt das neue „Kindergartenkind"?
- Wie verändert sich die Beziehung des Kindes zu den Eltern und Fachkräften?
- Wie gelingen die Abschiede von den Eltern? Welche Veränderungen sind erkennbar?
- Ist das Kind sozial und emotional in die Gruppe eingebunden?
- Was berichten die Familien über die Kinder und die Eingewöhnung?
- Hat das Kind erste Kontakte zu anderen Kindern aufgebaut?
- Was und womit spielt das Kind?
- Welche Kompetenzen hat das Kind in der Übergangsphase hinzugewonnen?

Am Ende der Kindergartenzeit wird der Besuch der Grundschule für Kinder und deren Familien immer bedeutender. Die Kinder sind sehr gespannt und wollen soviel wie möglich über die Schule wissen. Der Unterschied zur Eingewöhnung besteht im Wesentlichen darin, dass die Kinder die Einrichtung jetzt verlassen, deutlich älter sind und über weitaus mehr Kompetenzen verfügen.

Für die Dokumentation des Übergangs in die Grundschule sind folgende Leitfragen wichtig:

- Wie sieht die mit den Familien entwickelte Strategie zur Begleitung des Kindes aus?

- Was interessiert das Kind am Thema „Schule"?

- Welche Kompetenzen, die für einen guten Start in die Grundschule wichtig sind, besitzen die Kinder schon? (Schnittmenge mit der „Dokumentation von Fähigkeiten und Fertigkeiten")

- Welche Bedarfe bestehen bei dem Kind?

- Welche neuen Informationen haben Gespräche mit den Kindern gebracht?

- Welche emotionalen Befindlichkeiten lassen sich bei dem Kind erkennen?

Die Dokumentation der Transitionsprozesse findet in erster Linie im Entwicklungsportfolio statt. Dort beschreibt die Fachkraft ihre Beobachtungen, das Konzept der Begleitung des Kindes sowie die Ergebnisse aus Gesprächen mit Familien und Kindern. Im Kompetenzportfolio finden sich für den Übergang in die Grundschule eine Menge Arbeitsproben der Kinder zu diesem Thema. Für die Eingewöhnungsphase lassen sich eher weniger Dokumente finden, da die Kinder zu dieser Zeit in der Regel noch sehr jung und noch nicht in die Prozesse der Einrichtung involviert sind. Familien haben die Möglichkeit, ihre eigenen Beobachtungen und Gesprächsergebnisse im Familienportfolio zu notieren. Auch hier sind die unterschiedlichsten Medien zur Dokumentation einsetzbar.

1.2.6 Dokumentation von Spielthemen und -partnern sowie Materialnutzung

Kinder spielen während des ganzen Kindergartentages. Das ist ihre „Arbeit", sie lernen im Spiel und probieren ihre Fähigkeiten aus. Selten spielen Kinder alleine, meistens tun sie es in kleineren überschaubaren Gruppen. Die ausgewählten Spielthemen und -orte bleiben in der Regel über einen bestimmten Zeitraum konstant und sind somit gut beobachtbar. Auch die Spielgruppen und Freunde/Freundinnen sind in der Regel über einen längeren Zeitraum gleich. Aktuelle Ereignisse oder von den Fachkräften eingebrachte Themen können die Spielthemen relativ schnell erweitern. Die Kinder nutzen die zur Verfügung stehenden Materialien, um das eigene Spiel auszugestalten.

Bei der Dokumentation sollten die Aspekte Spielthemen, Spielpartner und Materialien Berücksichtigung finden.

Spielthemen

- Was spielt das Kind? Mit welchen Themen beschäftigt es sich dabei?

- Wie beschäftigt sich das Kind mit den verschiedenen Themen?

- Welche Strategien entwickelt das Kind im Umgang mit einem Thema?

- Beschäftigt sich das Kind länger mit einem Thema oder wechselt es oft das Spielthema?

- Findet das Kind eigene Themen oder schließt es sich immer den Themen anderer Kinder an?

- Bringt das Kind eigene Vorschläge in die Spielsituationen ein?

- Spielt das Kind nur geschlechtsspezifische Spiele oder auch andere?

Spielpartner

- Spielt das Kind meistens alleine oder eher mit anderen Kindern?

- Sind die Spielpartner konstant oder wechseln diese öfter?

- Spielt das Kind verschiedene Spiele an verschiedenen Spielorten mit unterschiedlichen Kindern?

- Spielt das Kind nur mit gleichgeschlechtlichen Partnern oder auch mit Kindern des anderen Geschlechtes?

- Ist das Kind in der Gruppe ein gleichberechtigter Partner oder eher ein „Mitspieler"?

- Bringt das Kind Vorschläge in die Gruppe ein und werden diese von der Gruppe angenommen?

Materialien

- Mit welchen Materialien spielt das Kind? Mit welchen selten, mit welchen nie?

- Meidet das Kind bestimmte Arten von Spielen? Hat es Vorlieben?

- Setzt das Kind die Materialien flexibel ein, um sein Spiel damit zu gestalten?

- Kann das Kind die Materialien richtig einsetzen?

- Stehen dem Kind alle Materialien, die es zum Spiel braucht, zur Verfügung?

- Nutzt das Kind „andere Materialien", die „entfremdet" in das Spiel des Kindes eingebunden werden?

- Gibt es Materialien, die das Kind in seinem Spiel unterstützen könnten, aber in der Gruppe nicht vorhanden sind?

Die Beobachtungen der Fachkräfte zu dem oben beschriebenen Themenbereich werden im Entwicklungsportfolio beschrieben, können zum Teil aber auch im Familienportfolio abgelegt werden. Im Kompetenzportfolio können Kinder im Rahmen des Lerntagebuchs im Gespräch mit den Fachkräften etwas zu ihren Spielthemen oder -partnern sagen.

1.2.7 Dokumentation von Kommunikation und Interaktion

Ein weiterer wichtiger Bereich der Dokumentation ist das Kommunikations- und Interaktionsverhalten der Kinder untereinander und mit den Fachkräften. Um Spiel- und Lernsituationen gemeinsam gestalten zu können, müssen Kinder in Austausch- und Aushandlungsprozesse eintreten. Auf diese Weise gestalten sie gemeinsam ihre Umwelt. Aber auch in anderen sozialen Situationen im Alltag spielen die Fähigkeiten zu kommunizieren und miteinander agieren zu können eine wichtige Rolle.

Folgende Aspekte sollten bei der Dokumentation berücksichtigt werden:

- Welche Kinder sind Kommunikations- und Interaktionspartner des Kindes?

- Interagiert und kommuniziert das Kind mit den Fachkräften?

- Wie handelt das Kind seine Interessen mit anderen Kindern aus?

- Ist das Kind in der Lage, seine Bedürfnisse anderen mitzuteilen?

- Wie verhält sich das Kind in Konfliktsituationen?

- Akzeptiert das Kind die Meinungen von anderen Kindern?

- Wie geht das Kind mit Situationen um, in denen seine Interessen durch andere Kinder nicht berücksichtigt werden?

Diese Informationen gehören in das Entwicklungsportfolio und werden von den Fachkräften im Tagebuch dokumentiert. Es kann hilfreich sein, ein Soziogramm anzufertigen (→ Abb. 3). In einem Soziogramm wird zunächst der Name des Kindes in die Mitte eines Blattes geschrieben. In einem weiteren Schritt werden die Namen aller Kinder der Gruppe gleichmäßig verteilt auf das Blatt geschrieben. Als nächstes wird geschaut, mit wem das Kind in kontinuierlicher Kommunikation und Interaktion steht und dann die beiden Namen mit einem dicken Strich verbunden. Nun muss noch geklärt werden, ob die Kommunikation und Interaktion einseitig ist — also ein Kind gerne mit einem anderen spielt und immer dessen Nähe sucht, das andere Kind aber nie die Initiative ergreift — oder ob es sich um eine beidseitige geführte Kommunikation und Interaktion handelt. Dementsprechend werden die Striche mit Pfeilen versehen. Nachdem die Beziehungen zwischen dem Kind und allen anderen Kindern analysiert wurde, ist das Soziogramm fertig. Es ist nun leicht abzulesen, mit welchen Kindern das Kind in einer Beziehung steht. Die Pfeile können auch in den Farben rot (für konflikthafte Beziehungen) oder grün (für unbelastete Beziehungen) gezeichnet werden. Bei regelmäßigem Durchführen dieser Methode ergibt sich eine sehr lebendiges Bild über jedes Kind der Gruppe hinsichtlich seiner Kommunikations- und Interaktionspartner.

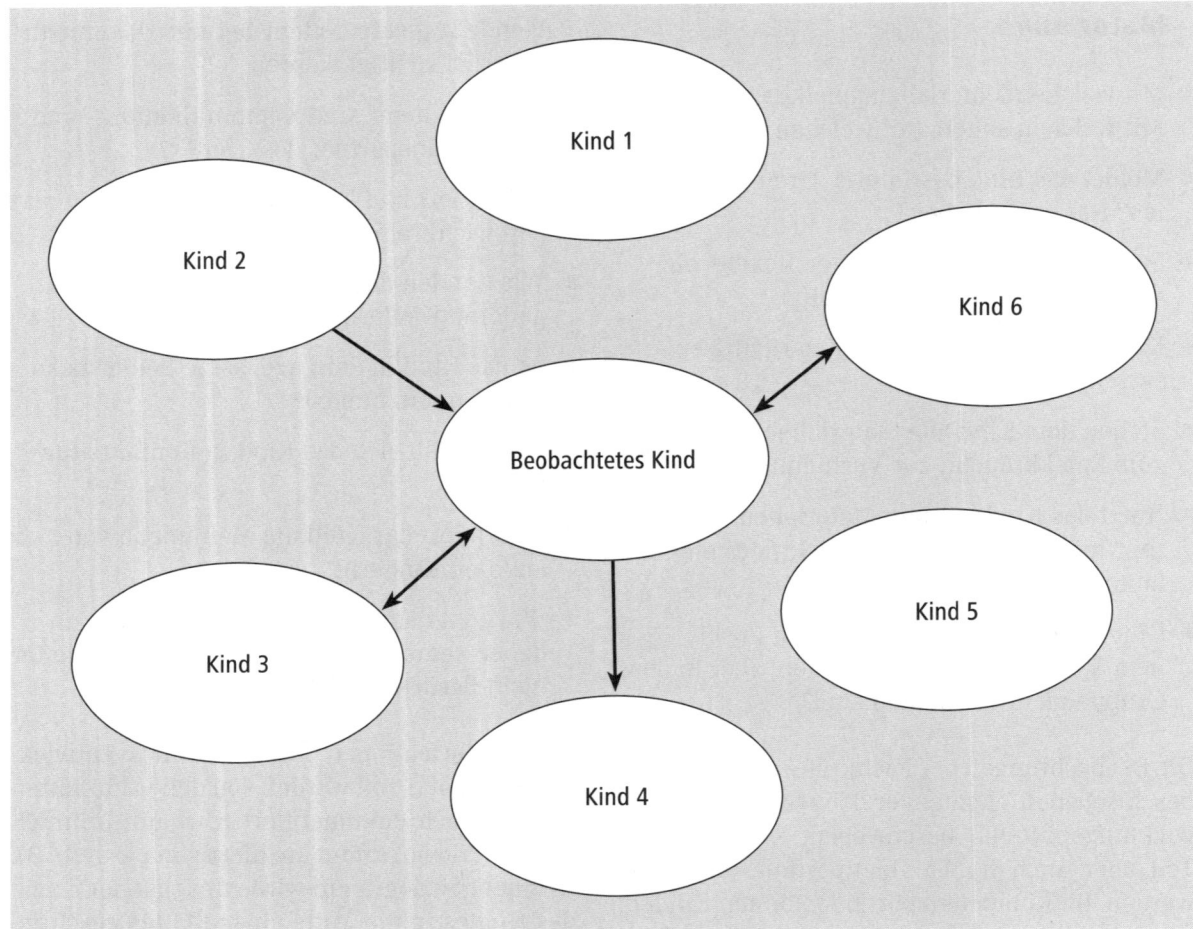

Abb. 3: Beispiel für ein Soziogramm

1.2.8 Dokumentation von Projekten, Aktivitäten und Angeboten

Die pädagogische Arbeit in den Einrichtungen ist in der Regel von vielfältigen Aktivitäten und Angeboten geprägt. Je nach pädagogischer Ausrichtung und Schwerpunktsetzungen gibt es – eventuell sogar in den Gruppen – unterschiedliche pädagogische Konzepte, die sich in Einzelangeboten, Wochen- und Monatsplanungen bis hin zu Projekten niederschlagen können. Für die Arbeit mit dem Portfolio sind nicht die Vielfalt der Angebote oder die methodischen Zugänge wichtig, sondern in erster Linie die Frage der Attraktivität und Nutzung der pädagogischen Angebote durch die Kinder. Die Dokumente im Portfolio geben umfangreiche und detaillierte Informationen über einzelne Kinder, die dann unmittelbar in Projekte in

Form von individueller Förderung umgesetzt werden können. Projekte ermöglichen dabei in starkem Maße Mitbestimmung und Mitgestaltung und bieten Kindern viele Möglichkeiten, über ihre eigenen Lerninhalte, -strategien und -ziele zu reflektieren. Fachkräfte sollten folgende Themenbereiche bei der Dokumentation berücksichtigen:

- Bestimmt das Kind bei der Auswahl der Themen mit?

- Bringt das Kind eigene Ideen für pädagogische Aktivitäten, Angebote oder gar Projekte mit ein?

- Bleibt das Kind über den gesamten Zeitraum des Projektes interessiert am Thema?

- Welche Impulse gehen während eines Projektes bzw. einer Aktivität vom Kind aus?

- Beschäftigt sich das Kind über das Projekt bzw. die Aktivität hinaus mit dem Thema?

- Bringt das Kind das Thema in den Alltag der Kindertageseinrichtung ein?

Die Informationen über den Umgang mit einem Thema im Alltag und in Angeboten, Aktivitäten und Projekten sind Bestandteil des Entwicklungsportfolios und werden von den Fachkräften für weitere Planungsschritte genutzt.

1.2.9 Dokumentation von Alltagsgeschehen und Routinen

Neben der Dokumentation von Angeboten, Aktivitäten und Projekten gibt es eine zweite wichtige Ebene: die des Alltagsgeschehens und der Routinen. Um ein umfassendes Bild vom Kind zu bekommen, ist es notwendig festzuhalten, wie das Kind das Alltagsgeschehen bewältigt und wie es sich in den verschiedenen Routinen im Alltag verhält. Für jüngere Kinder spielt die Körperpflege eine große Rolle, aber auch beim Mittagsessen oder Schlafen sind elementare Aspekte beobachtbar. Für die Dokumentation ist es sinnvoll, verschiedene Bereiche zu unterscheiden.

Frühstück

- Was frühstückt das Kind?
- Isst das Kind selbstständig?
- Was isst das Kind gerne, was weniger gerne?
- Erlebt das Kind das Frühstück als etwas Angenehmes?
- Wie verhält sich das Kind in der sozialen Situation „Frühstück"?

Körperpflege

Bei jüngeren Kindern auch der Aspekt des „Gewickeltwerdens"

- Kümmert sich das Kind bereits selbstständig um seine Körperpflege?
- Putzt es selbstständig die Zähne?

- Wäscht es selbstständig die Hände vor dem Essen?
- Geht es selbstständig zur Toilette?
- Wie verhält sich das Kind während des Wickelns?
- Ist das Kind an seinem Körper interessiert?

Mittagessen

Bei jüngeren Kindern insbesondere der Aspekt des „Gefüttertwerdens"

- Isst das Kind selbstständig?
- Ist das Kind ein „guter Esser" oder nicht?
- Was isst das Kind gerne, was weniger gerne?
- Erlebt das Kind das Mittagessen als etwas Angenehmes?
- Wie verhält sich das Kind in der sozialen Situation „Mittagsessen"?
- Kommuniziert das Kind mit anderen Kindern?

Schlafen

- Geht das Kind gerne zum Ruhen oder Schlafen?
- Schläft das Kind selbstständig ein oder liegt es länger wach?
- Schläft das Kind oder ruht es nur? Was macht das Kind, wenn es nur ruht?
- Wie verhält sich das Kind im Ruhe- und Schlafraum?

Diese Aufzeichnungen gehören allesamt in das Entwicklungsportfolio. Werden sie nach Bereichen gegliedert, ist es einfacher, diese Informationen für die Gestaltung von Routinen zu nutzen.

Aber auch das Verhalten der Kinder im Tagesverlauf gehört in die Aufzeichnungen eines Portfolios. Hier lassen sich ebenfalls Bereiche benennen, die einer gründlicheren Betrachtung bedürfen:

Begrüßung und Verabschiedung

- Wie verabschieden sich die Kinder von ihren Eltern?

- Wie begrüßen die Kinder die Fachkräfte und die anderen Kinder?

- Fällt dem Kind die Trennung von den Eltern leicht?

- Welche Verabschiedungsrituale von den Eltern und welche Begrüßungsrituale für die Fachkräfte gibt es?

- Wie begrüßen die Kinder ihre Eltern in der Abholsituation?

- Wie verabschieden sich die Kinder von den anderen Kindern und den Fachkräften?

- Wartet das Kind schon einige Zeit vor dem Abholen auf die Eltern?

- Welche Verabschiedungsrituale von den Fachkräften und Begrüßungsrituale für die Eltern gibt es?

Freispiel

- Beschäftigt sich das Kind im Freispiel mit anderen Kindern?

- Benötigt das Kind während des Freispiels Ruhephasen?

- Muss das Kind im Freispiel zum Spielen durch eine Fachkraft angeregt bzw. motiviert werden?

- Kann das Kind im Freispiel seine Spielideen umsetzen?

- Beteiligt sich das Kind am Aufräumen?

- Bewegt sich das Kind frei in der Einrichtung? Erkundet das Kind die Einrichtung?

Da die Dokumentation von Routinen und Alltagsgeschehen eng an die Beobachtung der Fachkräfte gekoppelt ist, wird diese auch im Entwicklungsportfolio festgehalten. Für diese Bereiche bieten sich besonders Tonträger und audiovisuelle Medien an. Durch die Videografie von Alltagsgeschehen und -routinen bekommen die Fachkräfte einen sehr detaillierten Blick nicht nur auf ein Kind, sondern auch auf die Gruppe, die miteinander interagiert und kommuniziert.

1.2.10 Dokumentation von individueller Förderung

Im Kontext von Portfolioarbeit und kindorientierter Pädagogik wird von individueller Förderung gesprochen. Damit ist gemeint, dass Kinder ihren Bedürfnissen und Interessen entsprechend gefördert werden. Voraussetzung dafür sind Beobachtung des einzelnen Kindes, Dokumentation und Analyse der Dokumentation. Fachkräfte beobachten das Kind systematisch und kontinuierlich in vielfältigen Situationen des Alltags, bei Aktivitäten, Angeboten und Projekten. Kinder können nur dann eigene Lernstrategien und -ziele entwickeln, wenn sie an Entscheidungs- und Gestaltungsprozessen beteiligt werden. Beteiligung kann aktiv geschehen, indem Kinder die Prozesse mit gestalten. Beteiligung bedeutet aber auch, dass Fachkräfte ihr Wissen aus Beobachtungen und Gesprächen für eine optimale Gestaltung von Erziehungs- und Bildungsprozessen nutzen. Dieses gesammelte Wissen über einzelne Kinder wird in Teambesprechungen auf Gemeinsamkeiten und Differenzen in der Gruppe analysiert. Daraus ergeben sich Ansätze für eine gezielte Förderung der Kinder in der Gruppe. Individuell ist die Förderung, weil sie sich an den Bedürfnissen und Interessen einzelner Kinder orientiert und weil für diejenigen mit gleichen Bedürfnissen und Interessen in der Gruppe bzw. in der Einrichtung Förder- und Bildungsangebote umgesetzt werden.

Mit Dokumentation der individuellen Förderung ist gemeint, dass die Ergebnisse von Fall- und Teambesprechungen hinsichtlich eines Kindes oder einer Gruppe von Kindern festgehalten werden. Die aus der Analyse resultierenden Aktivitäten, Angebote und Projekte gehören ebenfalls in die Dokumentation im Entwicklungsportfolio. Eine gesonderte Mappe empfiehlt sich für die pädagogische Planung. Eine eindeutige Zuordnung der Angebote, die aus der Analyse der einzelnen Kinder resultiert, muss aber mindestens gewährleistet sein. Die Kinder dokumentieren die Förderung indirekt in ihrem Kompetenzportfolio, wenn sie entweder Arbeitsproben zu den Angeboten, Aktivitäten und Projekten ins Portfolio heften oder Aufzeichnungen in ihrem Lerntagebuch machen.

1.2.11 Dokumentation der Zusammenarbeit mit den Familien

Eine enge Kooperation mit den Familien ist ein unverzichtbares Element der pädagogischen Arbeit in Tageseinrichtungen. Um den Kindern eine optimale und individuelle Erziehung, Förderung und Bildung zukommen zu lassen, sollte die Kooperation mit den Familien in einer angenehmen Atmosphäre konstruktiv und transparent gestaltet werden. Familien und Einrichtungen haben ein gleiches Interesse, an dem sie auch gemeinsam arbeiten sollten. Sie sollten eine Erziehungspartnerschaft anstreben, in der das Kind im Mittelpunkt der Betrachtungen steht und in gemeinsamen Gesprächen zielorientiert die Bedarfe und Interessen der Kinder analysiert werden können.

In einer Erziehungspartnerschaft sollten:

- Alle Beteiligten vertrauensvoll kooperieren

- Sich alle Beteiligten über die Belange der Kinder, der Familien und der Tageseinrichtung austauschen

- Die beiden Lebenswelten (Familie und Tageseinrichtung) anerkannt werden

- Die Beteiligten die Verantwortung für die Förderung des Kindes gemeinsam wahrnehmen

- Die Beteiligten partnerschaftlich eine ideale Lernumgebung schaffen und individuelle Förderung ermöglichen (vgl. Bayrischer Bildungsplan).

Die Kooperation mit Familien wird in das Entwicklungsportfolio aufgenommen. Familien hingegen dokumentieren ihre Sicht auf die Zusammenarbeit mit den Einrichtungen im Familienportfolio.

1.2.12 Dokumentation von Entwicklungsgesprächen

Ein besonders wichtiger Teil der Kooperation mit den Familien soll hier noch einmal intensiver betrachtet werden: die Entwicklungsgespräche.

Entwicklungsgespräche sind durch folgende Merkmale gekennzeichnet:

- Sie finden regelmäßig statt (ein bis zweimal im Jahr).

- Sie werden geplant.

- Sie werden langfristig terminiert.

- Sie werden von Fachkräften und Familien gemeinsam vorbereitet.

- Die Inhalte sind den Familien und den Fachkräften bekannt, sie sind ein gemeinsamer Austausch über das Kind.

- Sie weisen eine für alle verlässliche Struktur auf.

- Ihre Regeln sind allen bekannt.

- Sie sind vertrauensvoll und offen.

- Beobachtungen und Dokumentation sind grundlegend für Entwicklungsgespräche.

Als Themen für Entwicklungsgespräche bieten sich folgende an:

- Wohlbefinden des Kindes (Wie geht es dem Kind in der Einrichtung? Wie geht es dem Kind zuhause? Geht das Kind gerne in die Einrichtung? Gibt es Besonderheiten im Leben des Kindes?)

- Identitätsentwicklung und Selbstbild (Wie nimmt sich das Kind wahr? Was glaubt das Kind, was es kann und wer es ist?)

- Kompetenzen des Kindes (Was kann das Kind schon alles? Welche Bedarfe hat es?)

- Interaktion und Kommunikation des Kindes mit anderen Kindern und Fachkräften (Wie geht das Kind mit anderen Kindern bzw. mit den Fachkräften um? Wie kommuniziert das Kind mit anderen Kindern oder Fachkräften? Wie geht das Kind mit Konflikten um? Wie teilt das Kind seine Vorstellungen, Wünsche und Interessen mit?)

- Interessen, Bedürfnisse und Wünsche der Kinder (Welche Interessen hat das Kind? Welche Vorstellung von der Welt und von anderen äußert das Kind? Äußert das Kind zuhause und in der Einrichtung seine Bedürfnisse?

- Essgewohnheiten (Was mag das Kind, was nicht? Wie verhält sich das Kind beim Essen in der Einrichtung? Welche Rituale hat es?

- Gesundheit (Gibt es gesundheitliche Einschränkungen? Welche Konsequenzen ergeben sich daraus?

- Eingewöhnung (Wie soll die Eingewöhnung gestaltet werden? Wie verhielt sich das Kind in der Eingewöhnungsphase? Hat das Kind die Eingewöhnung abgeschlossen? Fühlt sich das Kind in der Einrichtung wohl?)

- Übergang in die Grundschule (Freut sich das Kind auf die Schule? An welchen schulischen Themen ist das Kind interessiert? Wie beschäftigt sich das Kind zuhause und in der Einrichtung mit dem Thema Schule?) (vgl. Groot-Wilken, Warda 2007).

Es sind natürlich weitere Themen für Entwicklungsgespräche denkbar, wenn sie aktuell bedeutsam für das Kind und die Familie sind. Die Inhalte ergeben sich jeweils aus Beobachtungen, Gesprächen und dem Portfolio (oder aus anderen Formen der Dokumentation).

Entwicklungsgespräche werden in jedem Fall protokolliert. Diese Protokolle werden von den Fachkräften ins Entwicklungsportfolio geheftet. Es empfiehlt sich der Einsatz von Zielvereinbarungen und Checklisten (zur Auswahl von nützlichen Instrumenten zur Vorbereitung, Durchführung und Dokumentation von Entwicklungsgesprächen vgl. Groot-Wilken/Warda 2007). Wenn Einrichtungen mit Protokollen und Zielvereinbarungen in Entwicklungsgesprächen arbeiten, werden diese zusätzlich im Familienportfolio abgeheftet.

Die Vielfalt der aufgeführten Bereiche, Einsatzmöglichkeiten bzw. Themenfelder macht die Komplexität des Portfolios deutlich. Kombiniert mit den unterschiedlichen Methoden und den Arten des Portfolios ergibt sich ein Pool nahezu unbegrenzter Möglichkeiten, aus dem die Fachkräfte ebenso schöpfen wie die Kinder und Familien.

1.3 Der Einsatz des Portfolios in der kindorientierten Pädagogik

In diesem Buch wird die Arbeit mit dem Portfolio stets mit der kindorientierten Pädagogik (vgl. Groot-Wilken 2007) in Zusammenhang gebracht. Die Grundidee der kindorientierten Pädagogik in Bezug auf die Arbeit mit dem Portfolio soll nun vor allem für die folgenden Aspekte beschrieben werden:

- Bild vom Kind

- Basiskompetenzen von pädagogischen Fachkräften

- Themen der kindorientierten Pädagogik

- Ziele der kindorientierten Pädagogik

- Dynamisches Modell der kindorientierten Pädagogik.

Das Portfolio fungiert in der kindorientierten Pädagogik als Schnittstelle zwischen Beobachtung und pädagogischer Planung und ist somit als Ort der „Archivierung des Wissens über die Kinder und die Kindergartengruppe" Informationsquelle im aktuellen sowie zukünftigen Kontext. Je mehr Wissen Fachkräfte aus dem Prozess von Beobachtung und deren Dokumentation für den Planungs- und Umsetzungsprozess nutzen können, desto hochwertiger wird die individuelle Förderung. Das dynamische

Modell der kindorientierten Pädagogik ist eine Möglichkeit, wie Fachkräfte systematisch ihrem Erziehungs- und Bildungsauftrag nachkommen können. Elemente dieses Modells finden sich auch in den Bildungsvereinbarungen der Länder wieder.

1.3.1 Das Bild des Kindes in der kindorientierten Pädagogik

Das Bild vom Kind beeinflusst die Ausgestaltung von pädagogischen Prozessen und Angeboten, Aktivitäten und Projekten sowie die Art und Weise, Kinder in die Gestaltungs- und Mitbestimmungsprozesse zu integrieren. Es spielt sowohl in der kindzentrierten Pädagogik als auch im Portfolio eine zentrale Rolle. Die folgenden Annahmen liegen ihm zugrunde.

Kinder lernen von Geburt an

Ihre ersten Lernerfahrungen machen Kinder in und mit der Familie. Dort lernen sie, wie die Welt „funktioniert" und gewinnen ein Bild von ihr. Durch die jeweiligen sozialen Bezugsrahmen in den Familien entwickeln Kinder unterschiedliche Blicke auf die Welt und machen unterschiedliche Erfahrungen. Damit die Fachkräfte die Kinder besser kennen und verstehen lernen, ist es wichtig, deren Familie mitsamt ihren Vorstellungen, Werten, Strukturen und Ritualen zu kennen.

Kinder lernen in den ersten Lebensjahren am intensivsten

Im Kindergartenalter befinden sich Kinder in der lernintensivsten Phase ihres Lebens. Sie erweitern ihre Kompetenzen in allen Bereichen. Fachkräfte und Familien tragen deshalb eine große Verantwortung. Um das Recht des Kindes auf eine optimale Förderung zu verwirklichen, braucht es Fachkräfte, die dem Kind durch ihr professionelles Handeln die entsprechenden Möglichkeiten bereitstellen. Wünschenswert und im Sinne des Portfolios auch notwendig ist die Entwicklung eines gemeinsamen Vorgehens.

Kinder sind aktiv Lernende

Kinder sind aktive Lerner. In einer herausfordernden und auffordernden Umgebung können sie ihre Interessen, Wünsche und Vorstellungen verwirklichen, ihre Kompetenzen entwickeln, sich neue Fähigkeiten aneignen, neue Lösungsmöglichkeiten, Lernstrategien und -wege erproben. Fachkräfte haben die Aufgabe, den Kindern diese Umgebung bereit zu stellen. Dies gelingt, indem sie Kinder systematisch und kontinuierlich beobachten und Gespräche mit den Kindern und deren Familien führen. Kinder im Kindergartenalter benötigen kein „Programm", sondern vielfältige Möglichkeiten zum Explorieren, Experimentieren und Ausprobieren.

Kinder sind Konstrukteure ihres Lernens

Kinder beobachten nicht nur aktiv das Geschehen in ihrem sozialen Umfeld und entwickeln ihre Sicht auf die Welt, sondern agieren auch und gestalten somit ihre Welt mit. Diese Prozesse bauen bei den Kindern ein Gefühl von Verantwortung und Bedeutsamkeit auf, das ihnen in ihrer Identitätsentwicklung Stärke verleiht und ihr Selbstbild positiv beeinflusst. Sie stehen aktiv beteiligt in der Welt und sind insofern Konstrukteure dieser Welt.

Kinder lernen in einer vertrauensvollen Umgebung am besten

Vertrauensvoll ist eine Umgebung vor allem dann, wenn die räumlichen, sozialen und emotionalen Bedingungen möglichst stabil bleiben. Wenn Kinder sich auf Routinen und Rituale in bekannten Settings und Situationen verlassen können, ist es ihnen möglich, sich der Welt und ihren Herausforderungen zu stellen und interessiert in die Welt zu schauen. Fachkräfte versuchen, Kindern diese Sicherheit der Verlässlichkeit zu vermitteln. Das gelingt ihnen u. a. durch die Einbeziehung der Kinder in die Gestaltung der Räume und Prozesse und durch professionelles pädagogisches Handeln.

Kinder lernen in sozialen Zusammenhängen

Kinder entdecken und erschließen sich die Welt nicht allein, sondern gemeinsam mit anderen Menschen. Für die Fachkräfte bietet das viele Ansatzpunkte bei der Planung. Aus den Bedarfen und Interessen einzelner Kinder entwickeln sich gemeinsame Aktivitäten für eine Kleingruppe von Kindern. Soziales Lernen gelingt da am besten, wo Fachkräfte die Dynamik der Gruppe für die pädagogischen Prozesse und Angebote, Aktivitäten und Projekte nutzen und die Kinder frühzeitig lernen, gemeinsam die Welt zu erkunden und Probleme zu lösen.

Kinder lernen durch Handlung, durch „Tun" und Spielen

Das Spiel und das Explorieren haben eine große Bedeutung für den Lernprozess der Kinder, da sie sich dabei aktiv mit den Menschen, den Dingen und der Welt auseinandersetzen. Im Handeln mit anderen erkennen sie die Welt und können diese Erfahrungen auf andere Situationen übertragen. Die Fachkräfte sind aufgefordert, den Kindern in einer auffordernden und herausfordernden Umgebung diese explorativen und experimentellen Zugänge zu ermöglichen. Darüber hinaus planen sie Angebote, Aktivitäten und Projekte zu unterschiedlichsten Themenbereichen und setzen sie um.

Kinder gestalten ihr Umfeld mit

Durch die anderen Aspekte wurde bereits deutlich: Kinder haben das Recht, ihr Lebensumfeld mit zu gestalten, damit es herausfordernd und auffordernd ist und ihren Bedürfnissen und Interessen entspricht. In der Tageseinrichtung gibt es dazu eine Menge Möglichkeiten, die von der Gestaltung der Räume über die Einbeziehung bei der Planung des Tagesablaufes bis hin zur Mitbestimmung und -gestaltung von pädagogischen Prozessen und Projekten reichen.

Fachkräfte, die sich dieses Bild vom Kind zu Eigen gemacht haben, arbeiten in der Regel stark am Kind orientiert. Dafür müssen sie über unterschiedliche Kompetenzen verfügen.

1.3.2 Basiskompetenzen von pädagogischen Fachkräften

Ein Blick in die Bildungsvereinbarungen der Länder zeigt, dass indirekt von den Fachkräf-

ten drei wesentliche Kompetenzen gefordert werden: Beobachtung, Dokumentation und pädagogische Planung. Diese Kompetenzen werden aufgrund ihrer Bedeutsamkeit im Weiteren als Basiskompetenzen (Groot-Wilken 2007) bezeichnet. Denn eine optimale individuelle Förderung und Begleitung von Kindern ist kein zufälliger und intuitiver Prozess, sondern muss aufgrund von Analysen, Team- und Fallbesprechungen geplant und systematisch umgesetzt werden. Die auf Fähigkeiten und Fertigkeiten, Interessen und Bedürfnisse von Kindern abgestimmte Förderung bedarf einer gezielten und detaillierten pädagogischen Planung. Diese basiert auf Wissen über die Kinder und deren Lebenswelt, das die Fachkräfte durch Beobachtung der Kinder in alltäglichen und pädagogischen Situationen, Gesprächen mit Familien und mit den Kindern selbst erwerben. Die wichtigste Quelle ist die eigene Beobachtung und die Erfahrung der Fachkräfte.

Systematische und kontinuierliche Beobachtung

Beobachtung ist nur möglich, wenn man aktiv oder passiv an einer Situation teilnimmt. Die Fachkräfte haben dabei entweder die Rolle des teilnehmenden Beobachters inne, nehmen also aktiv an den Prozessen teil, oder die Rolle des nicht-teilnehmenden Beobachters, indem sie eine zuschauende (passive) Rolle einnehmen. Beobachter sollten sich bewusst machen, dass:

- die Bewertung und Einordnung ihrer Beobachtungen immer auf ihrem persönlichen Hindergrund stattfindet, d.h., dass die eigenen Wertvorstellungen, Erziehungsziele und Erfahrungen einfließen. Es ist deshalb ratsam, dass zwischen den Fachkräften ein intensiver Austausch über die Kinder, beispielsweise in Fallbesprechungen und Teamsitzungen, stattfindet und es im Team ein konzipiertes Beobachtungsmodell mit klaren Modulen gibt (Groot-Wilken 2007).

- Die meisten Beobachtungssequenzen im Alltag einer Tageseinrichtung sind unvollständig. Fachkräfte erleben selten eine Situation von Anfang bis zum Ende. Dies erschwert die Interpretation einzelner Szenen und das Verhalten der Kinder in dieser konkreten Situation. Umso wichtiger ist es, kontinuierlich und systematisch zu beobachten, damit ein möglichst vollständiges Bild über ein Kind oder bestimmte, immer wiederkehrende Situationen entstehen kann.

Ein dritter, ebenfalls nicht unwichtiger Aspekt, ist die Mehrperspektivität, also die Beobachtung durch mehrere Fachkräfte.

Zusammenfassend lässt sich für die Arbeit mit dem Portfolio im kindorientierten Ansatz Folgendes festhalten: Die Ergebnisse von Beobachtungsprozessen bilden die Grundlage für eine gezielte pädagogische Planung und somit für eine individuelle Förderung sowie für die Gestaltung eines optimalen Lernumfeldes. Beobachtung ist kein zufälliges Handeln im Alltag von Fachkräften, sondern muss Bestandteil der Konzeption eines professionellen pädagogischen Handelns bzw. Ansatzes sein.

Dokumentation

Dokumentation ist nicht nur eine schriftliche Fixierung von Beobachtung und Planung, sondern ermöglicht einen professionellen und umfassenden Blick auf einzelne Kinder und die Gruppe. Da sie alle Beteiligten einbezieht, wird ein differenziertes Bild von den Kindern möglich. Es handelt sich um einen kontinuierlichen und systematischen Prozess, der in seiner Struktur unabhängig von Zufällen und Ereignissen, daher aber auch relativ zeitintensiv ist. Nichtsdestotrotz ist er unumgänglich, was eine vernünftige Einschätzung der zur Verfügung stehenden Mittel unbedingt ratsam macht. Unter diesen strukturellen Bedingungen ist es notwendig, eine Dokumentationsform zu finden, die den Inhalten ebenso gerecht wird wie den zeitlichen Ressourcen der Fachkräfte. Dabei sollten Fragen wie „Welche Ressourcen können wir einsetzen?", „Was soll dokumentiert werden?" oder „Wofür werden die Dokumentationen genutzt?" erörtert werden.

Für eine angemessene Planung bietet sich in der kindorientierten Pädagogik das Portfolio an, da es die Anforderungen an eine Dokumentationsform am Besten erfüllt.

Pädagogische Planung

In Tageseinrichtungen werden Angebote und Aktivitäten oftmals in einer Mischung aus Wochen-, Monats- und Jahresplänen geplant, in einigen Fällen flankiert durch einzelne Projekte. Die darin festgelegten Themen orientieren sich nur bedingt oder gar nicht an den Beobachtungen der Fachkräfte, sondern werden meist aus ihrem professionellen Verständnis abgeleitet und transportieren ihre Erziehungs- und Bildungsziele. Solche Planungen gewährleisten meistens, dass sich alle Kinder im Lauf ihrer Kindergartenzeit mit vielen wichtigen Themen auseinandergesetzt haben. Die Nachteile dieser Planungsmodelle sind allerdings vor allem, dass die Kinder:

- Bei Entscheidungs- und Gestaltungsprozessen meistens nicht partizipieren können

- Ihre Themen nicht einbringen können

- Wenige Möglichkeiten haben, eigene Fragen zu entwickeln

- Nicht aufgefordert werden, eigene Strategien und Lösungswege zu entwickeln

- Nicht angeregt werden, über sich zu reflektieren

- In eine Konsumhaltung kommen und nicht als aktiv Gestaltende einbezogen werden.

Die Fachkräfte müssen deshalb aus den ihnen zur Verfügung stehenden Informationen eine angemessene individuelle Förderung für die Kinder in der Gruppe entwickeln. Dabei sollen sie die Kinder so weit wie möglich in Entscheidungs- und Gestaltungsprozesse einbeziehen und auf deren Interessen, Vorstellungen und Wünsche eingehen. Hierfür empfiehlt sich die Projektarbeit, die den professionellen Anspruch nach Bildung von Kindern mit dem Konzept der kindorientierten Pädagogik verbindet.

Projektplanung

W.E. Fthenakis und M.R. Textor greifen für die Beschreibung von Projektarbeit auf die Definition von L.G. Katz und S.C. Chard zurück: „Ein Projekt ist eine längerfristige Untersuchung eines Themas, die in der Regel von einer ganzen Klasse, meistens aufgeteilt in Kleingruppen, manchmal auch nur von einer Gruppe von Kindern aus der Klasse oder gelegentlich nur von einem einzelnen Kind durchgeführt wird. Diese Untersuchung schließt verschiedene Aspekte eines Themas ein, die sowohl die teilnehmenden Kinder interessieren als auch von ihren Lehrer/innen als sinnvoll angesehen werden." (Textor 1996, http://www.kindergartenpaedagogik.de/14.html)

Diese Definition verweist auf die Ansprüche, die an die Projektarbeit gestellt werden:

- Beschäftigung mit einem Thema und dessen Variationen
  - Über einen längeren Zeitraum
  - Aus verschiedenen Perspektiven
  - Durch Kleingruppen oder einzelne Kinder
  - Im Sinne von handlungsorientierten Themen
  - Im Sinne von entwicklungsorientierten Themen.
- Förderung von
  - Individuellen Kompetenzen, gemeinschaftlichen Interessen und Erfahrungen und Allgemeinwissen
  - Lernstrategien
  - Lernmethoden
  - Selbstständigem Arbeiten
  - Problemlösungsstrategien
  - Gemeinschaftlichem Arbeiten.
- Einbeziehung der Interessen, Wünsche, Bedürfnisse und Kompetenzen der Kinder
- Orientierung an
  - Fachwissenschaftlichen Erkenntnissen
  - Erfahrungswissen der Fachkräfte.

Aus diesen Ansprüchen lassen sich die Vorteile im Vergleich zu den anderen Planungsmethoden ableiten:

- Ein Projekt besteht aus vielen aufeinander folgenden und aufbauenden Einzelaktivitäten. Darüber hinaus haben Kinder die Möglichkeit, sich außerhalb von geplanten Aktivitäten mit dem Themenfeld auseinanderzusetzen und dieses weiter zu entwickeln. Sie werden dabei ganzheitlich gefördert.

- Da Projekte über einen längeren Zeitraum laufen, haben die Kinder die Möglichkeit, sich intensiv mit einem Thema zu beschäftigen und dieses aus verschiedenen Perspektiven zu beleuchten. Sie dringen somit tiefer in die Inhalte ein und können sich mit Detailfragen auseinandersetzen.

- Die methodische Vielfalt bietet allen Kindern einen Zugang zum Thema. Sie können sich dem Thema auf eine Art und Weise nähern, die ihren Lernstrategien und ihren Interessen entsprechen.

- Kinder lernen Lerninhalte, -strategien und das Umfeld mitzugestalten und mitzubestimmen. Dabei übernehmen sie sowohl für sich selber als auch für andere Kinder Verantwortung.

- In der Projektarbeit lernen Kinder, in unterschiedlich zusammengesetzten Gruppen zu agieren. Auch die Zusammenarbeit mit älteren oder jüngeren Kindern bietet eine Möglichkeit, eigene soziale Kompetenzen weiterzuentwickeln.

- Die Vielzahl der Anforderungen und Aufforderungen in einem Projekt motiviert Kinder immer wieder neu, sich mit dem Thema zu beschäftigen.

- Durch die Einbindung der Familien und des sozialen Umfeldes sehen Kinder, dass die Einrichtung in ihrem Umfeld eine wichtige Stellung und Funktion hat.

Abschließend lässt sich festhalten, dass die Basiskompetenzen von Fachkräften nicht unabhängig voneinander betrachtet werden können. Sie sind miteinander verbunden und beziehen sich aufeinander. Fachkräfte, die systematisch und kontinuierlich beobachten, dies aber nicht für die pädagogische Planung nutzen, verschwenden wertvolle Arbeitszeit.

1.3.3 Entwicklungs- und handlungsorientierte Themenfelder

Themen für Angebote, Aktivitäten und Projekte gibt es im Kindergartenalltag zur Genüge: Das eine Kind möchte gerne wissen, wie der Regen in die Wolken kommt, ein anderes Kind möchte gerne mal mit einem Feuerwehrauto fahren und wiederum ein anderes Kind hat gerade erlebt, dass der Großvater gestorben ist und möchte wissen, wo er jetzt eigentlich ist. In der kindorientierten Pädagogik haben diese von den Kindern eingebrachten Themen eine herausragende Bedeutung. Relevant sind aber auch die kognitiven, sprachlichen, motorischen und sozial-emotionalen Fähigkeiten und Fertigkeiten der Kinder. In der kindorientierten Pädagogik werden zwei Themenfelder unterschieden: entwicklungsorientierte und handlungsorientierte Themen. Aus ihnen gewinnen die Fachkräfte das Wissen für ihre pädagogischen Planungen.

Entwicklungsorientierte Themen der Kinder ergeben sich aus Bedarfen, die von den Fachkräften aus Beobachtungen von Kindern und Gesprächen mit den Familien analysiert werden. Diese Bedarfe orientieren sich an bekannten Entwicklungsverläufen und entwicklungspsychologisch begründeten Kompetenzzuschreibungen. Hierbei steht die Beurteilungskompetenz der Fachkraft im Vordergrund, d. h. ob sie einschätzen kann, inwieweit Kinder Entwicklungsbedarfe haben oder sie beispielsweise aufgrund besonderer Fähigkeiten einer besonderen Förderung bedürfen. Das Wissen über handlungsorientierte Themen speist sich hingegen in erster Linie aus den Äußerungen und dem Spiel der Kinder. Fachkräfte, die viele Gespräche mit Kindern führen und ihr Spiel beobachten, werden sofort erkennen, mit welchen Themen sie sich beschäftigen und welche Fragen aktuell sind. Aus diesem Wissen leiten die Fachkräfte für einzelne Kinder und kleinere Gruppen Themen für Angebote, Aktivitäten und Projekte ab. Handlungsorientierte Themen sind darüber hinaus „Trägerthemen" für die Entwicklungsförderung und somit auch für individuelle Förderangebote in der kindorientierten Pädagogik. Über die handlungsorientierten Themen werden Kinder nicht nur in dem gewählten Themenbereich gefördert, sondern

auch in Bereichen wie Kognition, Bewegung, Sprache etc. In der pädagogischen Praxis sollten die entwicklungsorientierten Themen immer an handlungsorientierte Themen gekoppelt sein und nicht isoliert als Übung zur Feinmotorik, zum Sprechen oder zur Bewegung umgesetzt werden.

Für die Arbeit mit dem Portfolio ist die Unterscheidung der beiden Themenfelder wichtig, da die Informationsquellen für handlungsorientierte Themen oftmals bei den Kindern und den Familien liegen. Fachkräfte können sich das Themenfeld sehr gut durch Gespräche und Beobachtung mit den Kindern erschließen, aber auch ein Blick in die Kompetenzportfolios zeigt, an welchen Themen die Kinder interessiert sind. Ein intensiver Austausch mit den Familien sorgt darüber hinaus dafür, dass auch die Themen, die außerhalb der Einrichtung für die Kinder wichtig sind, Eingang in die Einrichtung finden. Entwicklungsorientierte Themen ergeben sich hauptsächlich durch kontinuierliche und systematische Beobachtung und Entwicklungsgespräche mit Familien.

1.3.4 Das dynamische Modell der kindorientierten Pädagogik

Das dynamische Modell der kindorientierten Pädagogik, das sich aus der Wechselwirkung von Beobachten, Dokumentieren und pädagogischer Planung ergibt, verfolgt im Wesentlichen folgendes Ziel: In der Gestaltung von Erziehungs- und Bildungsprozessen werden in der kindorientierten Pädagogik die Perspektiven der Kinder, Familien und Fachkräfte einbezogen, um an den Kompetenzen, Vorstellungen, Interessen und Bedürfnissen der Kinder orientiert eine optimale individuelle Förderung zu planen und umzusetzen. In diesem Prozess werden die Kinder umfassend beteiligt und lernen dabei ihre eigenen Lernstrategien und -ziele kennen. Kinder werden somit zu aktiv Gestaltenden ihrer Lebenswelt.

Pädagogische Prozesse sind dynamisch und verändern sich stetig. An dieser Stelle soll an Heraklit erinnert werden, der gesagt hat, dass man nicht zweimal in den gleichen Fluss steigen kann. Kinder entwickeln und verändern sich in einem kontinuierlichen Prozess und damit auch die Gruppen, in denen die Kinder befinden. Alle kennen den „Bist du aber groß geworden"-Effekt, wenn man ein Kind lange nicht gesehen hat. Sieht man es aber tagtäglich, nimmt man die Veränderungen kaum wahr. Für Fachkräfte sind deshalb die Dokumentationen hilfreich, da sie den stetigen Wandel sichtbar machen. Um noch einmal Heraklit zu bemühen: Man sieht niemals zweimal das gleiche Kind man erlebt es nie zweimal gleich, auch wenn es definitiv das gleiche Kind ist.

Wenn die Fachkräfte der Annahme folgen, dass pädagogische Prozesse dynamisch und wandelbar sind, wirkt sich das auch auf die Planung und Umsetzung aus. Dies erfordert ein hohes Maß an Flexibilität und Methodenvielfalt. Für Teams ist das eine große Herausforderung, da sie gemeinsame Strategien entwickeln müssen und somit in einen Team- und Organisationsentwicklungsprozess eintreten. Sie stehen in einem ständigen Austausch und in der (Weiter-)Entwicklung der eigenen Einrichtung. Ein solcher Prozess fördert die Team- und Organisationsentwicklung, da sich die Teams auseinandersetzen

- Mit sich selbst, d. h. mit eigenen Wertevorstellungen und Vorstellungen guter Pädagogik, mit der Sichtweise auf Kinder und auch der Zusammenarbeit innerhalb des Teams

- Mit ihrer eigenen Organisationsform, d. h. sie stellen Fragen an Abläufe, Planungs- und Besprechungsstrukturen und -kulturen

- Mit den Bedingungen und Kompetenzen einzelner Fachkräfte, unter anderem in der Form, dass sich Fachkräfte persönliche Veränderungsziele setzen. Die individuelle Qualifizierung führt zu einem Qualitätszuwachs der gesamten Organisation.

Ein Schritt in die richtige Richtung ist dabei die Arbeit mit dem Portfolio. Um den größtmöglichen Effekt zu erzielen, müssen aber auch die pädagogischen Rahmenbedingungen stimmen. Um eine gute Anpassung des Portfolios für den eigenen Alltag zu gewährleisten, ist es hilfreich, sich das dynamische Modell der kindorientierten Pädagogik vorzustellen. Das Schaubild auf der folgenden Seite (→ Abb. 4) zeigt das

Zusammenspiel und Ineinandergreifen der verschiedenen Aspekte für eine zielgerichtete individuelle Förderung.

Grundlegende Voraussetzung für die Gewinnung umfassender Informationen und umfassenden Wissens über die Kinder ist die systematische und kontinuierliche Beobachtung. Diese wird ergänzt um Entwicklungsgespräche, die mit den Familien regelmäßig geführt werden, sowie Alltagsgespräche und geplante Gespräche mit Kindern. All das wird systematisch dokumentiert, damit die Informationen für den pädagogischen Planungsprozess zur Verfügung stehen. Nicht zuletzt müssen aber auch die Kinder und Familien in den Dokumentationsprozess eingebunden werden. Zur Sicherstellung dieses Anliegens eignet sich das Portfolio, in dem alle Beteiligten aufgefordert sind, mit ihrem Blick auf die Dinge in unterschiedlichen Formen zu dokumentieren. Die so aufbereiteten Informationen stehen den Fachkräften für die Planung von individuellen Fördermöglichkeiten zur Verfügung, aber auch als Quelle für Entwicklungsgespräche und Fallbesprechungen.

Fachkräfte, die nach diesem dynamischen Modell pädagogische Prozesse gestalten, werden eine Veränderung in der Gruppe, im Verhalten der Kinder und einen Kompetenzzuwachs feststellen. Der Entwicklungsprozess der Gruppe und einzelner Kinder wird sichtbar. Nach dem dynamischen Modell der kindorientierten Pädagogik stehen Beobachtung, Dokumentation und pädagogische Planung in einem stetigen Wechselspiel. Es fordert von den Fachkräften eine ständige inhaltliche Veränderung und Anpassung der pädagogischen Arbeit an die jeweiligen Kinder der Gruppe und ein großes Repertoire an Methoden, um entsprechende Angebote, Aktivitäten und Prozesse zu initiieren.

Abschließend lässt sich festhalten, dass das Portfolio aufgrund seiner mehrperspektivischen und multimedialen und -methodischen Zugangsweisen den Anforderungen der kindorientierten Pädagogik mehr als entspricht. Es ist hervorragend geeignet, individuelle Förderung zu planen und umzusetzen und somit eine optimale Gestaltung von Erziehungs- und Bildungsprozessen zu gewährleisten.

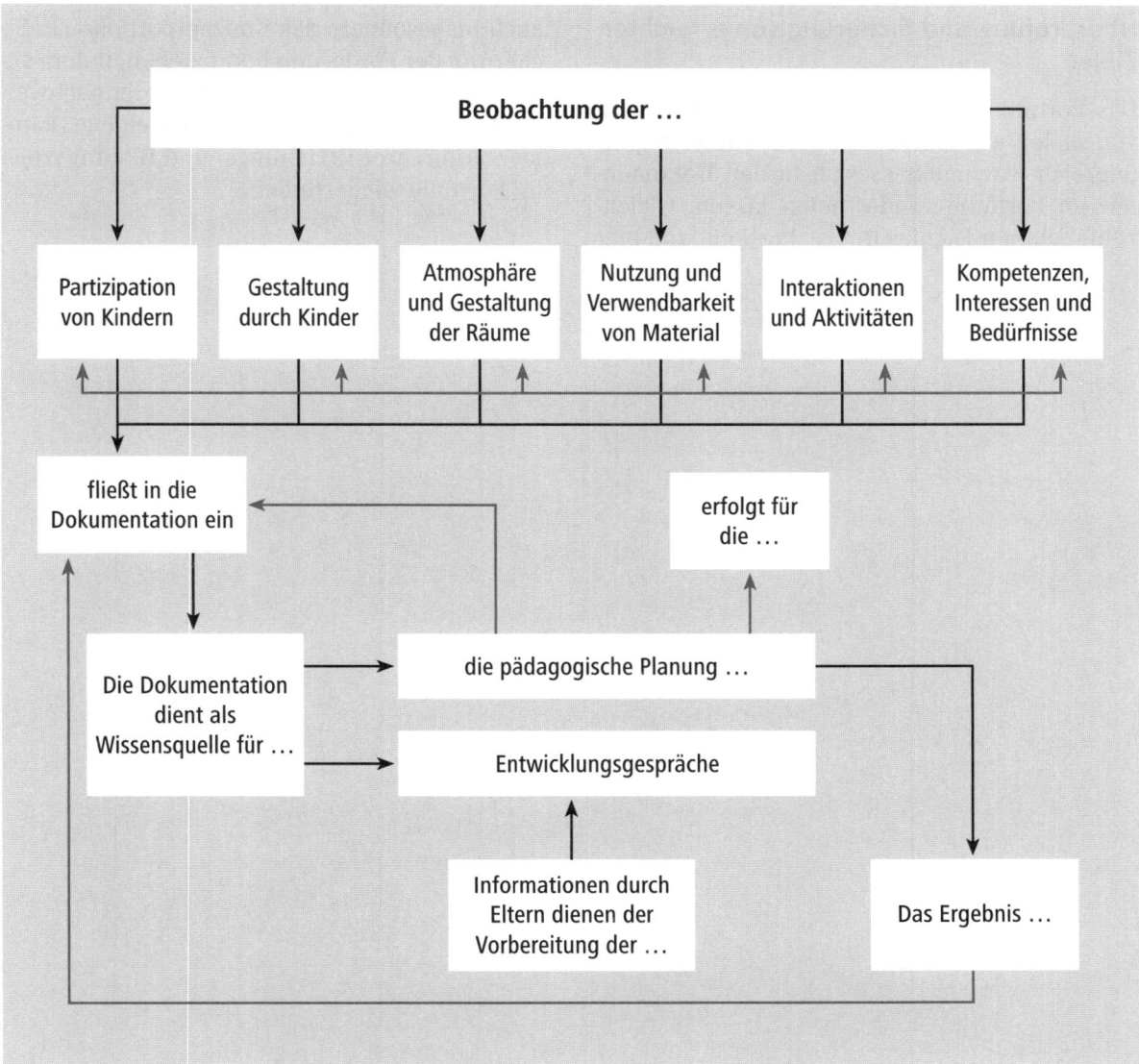

Abb. 4: Dynamisches Modell

Entwicklung von individuellen Zielperspektiven

Das Portfolio ist aufgrund seiner Beschaffenheit als Grundlage zur Entwicklung von individuellen Zielperspektiven geeignet. Dabei kann es für die Planung ebenso genutzt werden wie für Gespräche mit Kindern oder in Entwicklungsgesprächen mit Familien. Die individuelle Betrachtung eines Kindes innerhalb einer Gruppe eröffnet nicht nur für das einzelne Kind neue Möglichkeiten, sondern auch immer für die gesamte Gruppe und Kleingruppen.

Optimierung von individuellen Bildungszielen

Im Modell der kindorientierten Pädagogik hilft der Einsatz des Portfolios, Bildungsziele zu optimieren. Durch die beschriebene Dynamik und die Wechselwirkung der Basiskompetenzen untereinander ist es den Fachkräften möglich, die Effektivität der Aktivitäten, Angebote und Projekte mit dem Portfolio zu dokumentieren und nachzusteuern bzw. zu optimieren. In einem Portfolio lässt sich die Dynamik des Prozesses abbilden und wiedererkennen.

Überprüfung und Sicherung von erreichten Zielen

Das Portfolio lässt sich auch zur Überprüfung von Zielen einsetzen. Wenn die Förderung erfolgreich war, muss es sich in den Dokumenten im Portfolio wiederfinden lassen. Gleichzeitig können Fachkräfte das Portfolio und hier auch insbesondere das Konzeptportfolio als Sicherung der Förderung heranziehen, indem sie zum einen die Fähigkeiten der Kinder nachweisen können und zum anderen eine eigene Dokumentation ihrer Erziehungs- und Bildungsziele im Portfolio wiederfinden.

Materialien für Fachkräfte

In diesem Kapitel werden Materialien vorgestellt, die die Arbeit mit dem Portfolio unterstützen. Sie repräsentieren nicht das Portfolio in seiner ganzen Breite, sondern vielmehr einen Ausschnitt. Fachkräfte können diese Materialien frei einsetzen und auch miteinander kombinieren. Es ist darüber hinaus wünschenswert, dass sie diese Sammlung mit Vorschlägen aus der Literatur und/oder eigenen ergänzen. Bei den hier bereitgestellten Materialien handelt es sich um keine Diagnoseinstrumente, sie dienen lediglich dazu, Dokumentationen vorzustrukturieren und somit zu erleichtern. Sie ersetzen auch nicht den Einsatz von normierten und erprobten Verfahren zur Kompetenz- und Leistungserfassung. Alle Materialien sind als Kopiervorlage gedacht.

Das Kapitel gliedert sich nach den vier Portfolioarten Entwicklungs-, Kompetenz-, Familien- und Vorstellungsportfolio.

2.1 Das Entwicklungsportfolio

Die Schwerpunkte im Bereich der Entwicklungsportfolios liegen in der Dokumentation von Bildungsprozessen, der Beobachtung im Alltag, der Begleitung von Transitionsprozessen und der Planung von pädagogischen Prozessen und Gesprächen mit Kindern und Familien.

2.1.1 Dokumentation von Bildungsprozessen

Unter diesem Schwerpunkt werden Dokumentationshilfen bereitgestellt, die Unterstützung bei der Beschreibung von Kompetenzen (Kognition, Sprache, Bewegung und sozial-emotionale Entwicklung), Entwicklungsverläufen, Lernstrategien und Norm- und Wertevorstellungen der Kinder geben.

Dokumentation von Kompetenzen

Exemplarisch sind an dieser Stelle für die vier wichtigsten Kompetenzbereiche Dokumentationshilfen ausgearbeitet. Diese sollten drei bis vier Mal im Jahr für jedes Kind ausgefüllt werden und ins Entwicklungsportfolio geheftet werden. Fachkräfte können diese Dokumentationshilfen auch auf weitere Themenfelder der pädagogischen Arbeit in Tageseinrichtungen übertragen und somit für die Arbeit mit dem Portfolio nutzbar machen.

Kognitive Entwicklung	
Name des Kindes:	**Datum:**
Alter: ___ **Jahre** ___ **Monate**	**Name der Dokumentatorin:**

Schätzen Sie ein, ob die Fähigkeiten des Kindes denen der Gleichaltrigen entsprechen!	Ja ❑	Nein ❑
Wenn Sie „Nein" angekreuzt haben, beschreiben Sie, worin sich das ausdrückt!		
Beschreiben Sie, welche herausragende Fähigkeit das Kind im Bereich der kognitiven Entwicklung besitzt oder beschreiben Sie eine positive Besonderheit!		
Beschreiben Sie, welche Bedarfe sich beim Kind im Bereich der kognitiven Entwicklung feststellen lassen!		

Beschreiben Sie das Interesse des Kindes an folgenden Themen:	
Knobeleien, Rätsel und Fragespiele	
Naturwissenschaftliche und technische Themen	
Kategorisieren und Einordnen	
Experimentieren und Erforschen	
Problemlösungen	
Mathematische Themen	

Tab. 3.1: Dokumentation von Kompetenzen – Kognition

Bewegung		
Name des Kindes:	**Datum:**	
Alter: ___ **Jahre** ___ **Monate**	**Name der Dokumentatorin:**	
Schätzen Sie ein, ob die Fähigkeiten des Kindes denen der Gleichaltrigen entsprechen!	Ja ❏	Nein ❏
Wenn Sie „Nein" angekreuzt haben, dann beschreiben Sie, worin sich das ausdrückt!		
Beschreiben Sie, welche herausragende Fähigkeit das Kind im Bereich Bewegung besitzt oder beschreiben Sie eine positive Besonderheit!		
Beschreiben Sie, welche Bedarfe sich beim Kind im Bereich der Bewegung feststellen lassen!		
Beschreiben Sie die grobmotorischen Fähigkeiten des Kindes!		
Beschreiben Sie die feinmotorischen Fähigkeiten des Kindes!		
Initiiert das Kind eigene Bewegungsspiele und -formen oder ist es eher an den Spielen der anderen beteiligt? Beschreiben Sie einige kennzeichnende Situationen!		
Beschreiben Sie das Interesse des Kindes an folgenden Themen:		
Von den Kindern selbst initiierte Bewegung und Bewegungsspiele		
Von Fachkräften initiierte Bewegungsangebote und -spiele		
Klettern und Balancieren		
Rennen und andere Lauftechniken		
Fahrradfahren, Rollerfahren oder die Benutzung anderer Fahrzeuge		

Tab. 3.2: Dokumentation von Kompetenzen – Bewegung

© Groot-Wilken, B.: Portfolioarbeit leicht gemacht. Cornelsen Scriptor, Berlin, Düsseldorf, Mannheim 2008

Sozial-emotionale Entwicklung		
Name des Kindes:	**Datum:**	
Alter: ___ Jahre ___ Monate	**Name der Dokumentatorin:**	
Schätzen Sie ein, ob die Fähigkeiten des Kindes denen der Gleichaltrigen entsprechen!	Ja ❏	Nein ❏
Wenn Sie „Nein" angekreuzt haben, dann beschreiben Sie, wodurch sich das ausdrückt!		
Beschreiben Sie, welche herausragende Fähigkeit das Kind im Bereich sozial-emotionalen Entwicklung besitzt oder beschreiben Sie eine positive Besonderheit.		
Beschreiben Sie, welche Bedarfe sich beim Kind im Bereich der sozial-emotionalen Entwicklung feststellen lassen!		
Beschreiben Sie, wie sich das Kind in Aushandlungsprozessen verhält!		
Beschreiben Sie wie sich das Kind in Konflikten verhält!		
Beschreiben Sie das Interaktionsverhalten des Kindes!		
Ist das Kind in die Kindergruppe integriert? Beschreiben Sie, in welcher Form das Kind integriert ist!		
Beschreiben Sie, wie sicher das Kind in seinen eigenen Handlungen ist!		

Sozial-emotionale Entwicklung	
Name des Kindes:	**Datum:**
Alter: ___ Jahre ___ Monate	**Name der Dokumentatorin:**
In welcher Form beteiligt sich das Kind an Gruppenaktivitäten und Gesprächen? Beschreiben Sie diese!	
Beschreiben Sie das Interesse des Kindes an folgenden Themen:	
Gespräche mit anderen Kindern führen	
Über eigene Gefühle reden	
Vermittlung bei Konflikten und Problemen	
Gerechtigkeit und Gleichheit	
Mitbestimmung und Mitgestaltung	

Tab. 3.3: Dokumentation von Kompetenzen – sozial-emotionale Entwicklung

Sprachliche Entwicklung		
Name des Kindes:	**Datum:**	
Alter: ___ Jahre ___ Monate	**Name der Dokumentatorin:**	
Schätzen ein, ob die Fähigkeiten des Kindes denen der Gleichaltrigen entsprechen!	Ja ❑	Nein ❑
Wenn Sie „Nein" angekreuzt haben, dann beschreiben Sie, wodurch sich das ausdrückt!		
Beschreiben Sie, welche herausragende Fähigkeit das Kind im Bereich der sprachlichen Entwicklung besitzt oder beschreiben Sie eine positive Besonderheit!		

Sprachliche Entwicklung	
Name des Kindes:	Datum:
Alter: ___ Jahre ___ Monate	Name der Dokumentatorin:
Beschreiben Sie, welche Bedarfe sich beim Kind im Bereich der sprachlichen Entwicklung feststellen lassen!	
Beschreiben Sie, ob das Kind seine Ideen, Wünsche, Interessen und Vorstellungen sprachlich mitteilen kann!	
Beschreiben Sie, ob das Kind in der Lage ist, Sachverhalte zu beschreiben!	
Beschreiben Sie, ob das Kind in der Lage ist, Dinge und Personen zu benennen!	
Beschreiben Sie, ob das Kind phonologisch verständlich spricht! Gibt es Ihrer Meinung nach Probleme mit der Aussprache? Beschreiben Sie diese!	

Sprachliche Entwicklung	
Name des Kindes:	**Datum:**
Alter: ___ Jahre ___ Monate	**Name der Dokumentatorin:**
Nimmt das Kind gerne an Angeboten wie Fingerspiele, Lieder singen, Reime sprechen, Geschichten erzählen teil? Wie verhält es sich dabei?	
Ist das Kind in der Lage, sich Lieder, Reime, Gedichte und Geschichten zu merken und wiederzugeben? Beschreiben Sie!	
Stellt das Kind Fragen an Sie oder andere Kolleginnen? Beschreiben Sie die Fragen und den Zugang des Kindes!	
Beschreiben Sie das Interesse des Kindes an folgenden Themen:	
Geschichten hören und erzählen	
Lieder singen und Reime sprechen	
Rollenspiele	
Gespräche und Gesprächsrunden	
Bilderbücher	

Tab. 3.4: Dokumentation von Kompetenzen – sprachliche Entwicklung

Dokumentation von Entwicklungsverläufen

Zur Dokumentation von Entwicklungsverläufen eignet sich für die Arbeit mit dem Portfolio folgendes Vorgehen:

Fachkräfte nutzen

- die Ergebnisse von standardisierten Verfahren von Kompetenzen

- die Dokumentationshilfen zur Beschreibung von Kompetenzen

- eigene Tagebuchaufzeichungen aus dem Entwicklungsportfolio

- Ergebnisse von Entwicklungsgesprächen

- die Aufzeichnungen aus dem Kompetenzportfolio

Die Dokumentationshilfe ist für die Entwicklungsverläufe in allen Kompetenzbereichen universell einsetzbar. Um Verläufe zu beschreiben und Vergleiche anzustellen ist es notwendig, die gleiche Dokumentationshilfe für alle folgenden Beschreibungen zu verwenden. Nachdem Fachkräfte die Kompetenzbeschreibungen (siehe vorherigen Punkt) zum wiederholten Male angefertigt haben, können Sie mit Hilfe der vorliegenden Dokumentationshilfe die Veränderungen vom vorhergehenden Zeitpunkt bis zum jetzigen Zeitpunkt beschreiben. Dieser Vergleich sollte zwei- bis dreimal im Jahr in jedem Kompetenzbereich durchgeführt werden.

Entwicklungsverlauf im Bereich		
Name des Kindes:		Datum (aktuell):
Alter (letzte Dokumentation): ___ Jahre ___ Monate		Datum (letzte Dokumentation):
Alter (aktuell): ___ Jahre ___ Monate		Name der Dokumentatorin:
Über welche Kompetenzen verfügte das Kind zum letzten Vergleichszeitpunkt? Übertragen Sie alle Informationen aus den verschiedenen Informationsquellen hierher!	Über welche Kompetenzen verfügt das Kind zum jetzigen Vergleichszeitpunkt? Übertragen Sie alle Informationen aus den verschiedenen Informationsquellen hierher!	Beschreiben Sie ausführlich die Veränderungen zwischen dem vorherigen und dem jetzigen Dokumentationszeitpunkt!
1.		
2.		
3.		
4.		

© Groot-Wilken, B.: Portfolioarbeit leicht gemacht. Cornelsen Scriptor, Berlin, Düsseldorf, Mannheim 2008

Entwicklungsverlauf im Bereich		
Name des Kindes:	Datum (aktuell):	
Alter (letzte Dokumentation): ___ Jahre ___ Monate	Datum (letzte Dokumentation):	
Alter (aktuell): ___ Jahre ___ Monate	Name der Dokumentatorin:	
5.		
6.		

Über welche Kompetenzen verfügt das Kind, über die es zum vorherigen Dokumentationszeitpunkt noch nicht verfügte? Beschreiben Sie diese!

Wurden für die erkannten Förderungsbedarfe des Kindes individuelle Angebote zur Förderung umgesetzt? Beschreiben Sie den Erfolg!

Welche besonderen Fähigkeiten, die das Kind besitzt, wurden weiter ausgebaut? Beschreiben Sie!

Welche neuen Interessen haben sich beim Kind entwickelt? Welche der alten Interessen sind noch aktuell? Beschreiben Sie!

Tab. 3.5: Dokumentation von Entwicklungsverläufen

Dokumentation von Lernstrategien

Bei der Dokumentation von Lernstrategien sollten Sie das Lerntagebuch des Kindes und die Alltagsdokumentationen über das Kind zur Hilfe nehmen. Mit älteren Kindern kann es ein Gespräch zur Unterstützung bei der Dokumentation von Lernstrategien geben.

Dokumentation von Lernstrategien	
Name des Kindes:	Datum:
Alter: ___ Jahre ___ Monate	Name der Dokumentatorin:

Beschreiben Sie, mit welchen Themen sich das Kind beschäftigt und mit welchen nicht!

Beschreiben Sie, wie sich das Kind einem Thema nähert!

Beschreiben Sie, ob und welche Fragen das Kind an ein Thema stellt!

Beschreiben Sie, wie das Kind mit Situationen umgeht, in denen von ihm eine eigene (Lösungs-)Strategie erfordert wird!

Kann das Kind bereits vorhandenes Wissen aus einer bekannten Situation bzw. einem bekannten Thema auf eine unbekannte Situation bzw. ein unbekanntes Thema übertragen? Beschreiben Sie exemplarisch eine Situation!

Dokumentation von Lernstrategien	
Name des Kindes:	**Datum:**
Alter: ___ Jahre ___ Monate	**Name der Dokumentatorin:**

Greift das Kind auf das Wissen anderer Kinder oder von Fachkräften zurück und nutzt dieses zur Aneignung neuer Kompetenzen oder zur Lösung von Problemen und Beantwortung von Fragen? Beschreiben Sie eine konkrete Situation!

Beschreiben Sie, wie das Kind mit Frustration umgeht, wenn es ihm nicht gelingt, sich eine neue Situation oder ein neues Thema zu erschließen!

Beschreiben Sie, inwieweit das Kind mit Ihnen oder anderen Kindern über seine Lernstrategien redet und sich austauscht!

Beschreiben Sie, inwieweit das Kind die Möglichkeit nutzt, im Lerntagebuch über sich zu reflektieren!

Tab. 3.6: Dokumentation von Lernstrategien

Dokumentation von Norm- und Wertvorstellungen

Bei der Dokumentation von Norm- und Wertvorstellungen sollten Sie das Lerntagebuch des Kindes und die Alltagsdokumentationen über das Kind zur Hilfe nehmen. Mit älteren Kindern kann es ein Gespräch geben.

Dokumentation von Norm- und Wertvorstellungen	
Name des Kindes:	Datum:
Alter: ___ Jahre ___ Monate	Name der Dokumentatorin:
Beschreiben Sie, wie das Kind mit den Regeln in der Gruppe umgeht!	
Beschreiben Sie, wie das Kind mit eigenen Normverletzungen umgeht!	
Beschreiben Sie, ob das Kind bei anderen auf die Einhaltung der Regeln achtet!	
Beschreiben Sie, ob das Kind an der Gestaltung von Regeln interessiert ist und wie stark es sich dabei in den Aushandlungsprozess einbringt!	
Beschreiben Sie, wie das Kind mit Gerechtigkeit umgeht!	
Beschreiben Sie, wie das Kind mit Ungleichheiten in der Gruppe umgeht (intellektuelle, kulturelle, soziale oder religiöse Verschiedenheit)!	

Tab. 3.7: Dokumentation von Norm- und Wertvorstellungen

© Groot-Wilken, B.: Portfolioarbeit leicht gemacht. Cornelsen Scriptor, Berlin, Düsseldorf, Mannheim 2008

2.1.2 Dokumentation von Alltags- und Spielsituationen

In diesem Kapitel finden sich einige Dokumentationshilfen für ausgewählte Situationen und Themen aus dem Alltag und aus Routinen. Diese sind im Einzelnen: Spielpartner, Spielthemen und Spielsituationen, Nutzung von Materialien, Umgang mit Routinen, mit dem Tagesablauf sowie Begrüßung und Verabschiedung.

Dokumentation der Spielpartner, Spielthemen und Spielsituationen

Bei der Dokumentation der Spielpartner eines Kindes sollte zusätzlich ein Soziogramm angefertigt werden (→ Kap. 1.2.7). Es dient der Verdeutlichung bestehender Beziehungen in der Gruppe.

Dokumentation von Spielpartnern	
Name des Kindes:	Datum:
Alter: ____ Jahre ____ Monate	Name der Dokumentatorin:
Mit welchen Kindern spielt das Kind häufig?	
Mit welchen Kindern spielt das Kind gar nicht?	
Was spielt das Kind mit gleichaltrigen Kindern?	
Was spielt das Kind mit jüngeren Kindern?	
Was spielt das Kind mit älteren Kindern?	

Dokumentation von Spielpartnern		
Name des Kindes:	**Datum:**	
Alter: ___ **Jahre** ___ **Monate**	**Name der Dokumentatorin:**	
Beschreiben Sie, mit wem und was das Kind in den folgenden Funktionsbereichen spielt		
Funktionsbereich	Spielpartner	Spielsituation
Rollenspielbereich/Puppenecke	1. 2. 3. 4. 5.	
Bauteppich/Konstruktionsbereich	1. 2. 3. 4. 5.	
Leseecke/Kuschelecke	1. 2. 3. 4. 5.	
Kreativer Bereich/Werkbereich	1. 2. 3. 4. 5.	
Bereich für Tisch- und Regelspiele	1. 2. 3. 4. 5.	
Bewegungsraum/Tobebereich	1. 2. 3. 4. 5.	
Außenbereich	1. 2. 3. 4. 5.	

Dokumentation von Spielpartnern	
Name des Kindes:	**Datum:**
Alter: ___ Jahre ___ Monate	**Name der Dokumentatorin:**

Beschreiben Sie die Spielthemen und Spielsituationen, die das Kind bevorzugt:

Spielthemen	
Spielsituationen	

Beschreiben Sie die Spielthemen und Spielsituationen, in die sich das Kind selten oder gar nicht hinein begibt:

Spielthemen	
Spielsituationen	

Beschreiben Sie, welche Spiele, Spielthemen und Spielsituationen das Kind selbst entwickelt:

Spiele	
Spielthemen	
Spielsituationen	

Tab. 3.8: Dokumentation von Spielpartnern, Spielthemen und Spielsituationen

Dokumentation der Materialnutzung

Der Fokus in diesem Bereich liegt auf den unterschiedlichen Materialien, die Kinder nutzen, wie sie diese Materialien in ihrem Spiel einsetzen und umfunktionieren. In einzelnen Fällen müssen für die Dokumentationshilfe weitere Materialgruppen benannt werden.

Dokumentation der Materialnutzung	
Name des Kindes:	Datum:
Alter: ___ Jahre ___ Monate	Name der Dokumentatorin:
Mit welchen Materialien spielt das Kind häufig?	
1. 2. 3. 4. 5.	6. 7. 8. 9. 10.
Beschreiben Sie, was das Kind mit diesen (Spiel-)Materialien spielt?	
1.	
2.	
3.	
4.	
5.	
6.	
7.	
8.	
9.	
10.	

Dokumentation der Materialnutzung	
Name des Kindes:	**Datum:**
Alter: ____ Jahre ____ Monate	**Name der Dokumentatorin:**

Ist das Kind in der Lage, mit diesen Materialien angemessen umzugehen bzw. die Materialien für das Spiel sinnvoll zu gebrauchen? Beschreiben Sie!

1.

2.

3.

4.

5.

Schöpft das Kind die Materialvielfalt in der Einrichtung aus oder beschränkt es sich auf wenige Bereiche? Beschreiben Sie!

Mit welchen Materialien spielt das Kind selten oder gar nicht?

1.	6.
2.	7.
3.	8.
4.	9.
5.	10.

Welche Materialien bringt das Kind von zu Hause mit in die Gruppe?
Welche Funktion haben diese Materialien für das Kind?

Dokumentation der Materialnutzung		
Name des Kindes:		**Datum:**
Alter: ___ Jahre ___ Monate		**Name der Dokumentatorin:**

Beschreiben Sie, mit welchen Materialien das Kind in den Funktionsbereichen spielt!

Funktionsbereich	Material	Spielsituation
Rollenspielbereich/Puppenecke	1.	
	2.	
	3.	
	4.	
	5.	
Leseecke/Kuschelecke	1.	
	2.	
	3.	
	4.	
	5.	
Kreativer Bereich/Werkbereich	1.	
	2.	
	3.	
	4.	
	5.	

Dokumentation der Materialnutzung		
Name des Kindes:	**Datum:**	
Alter: ___ Jahre ___ Monate	**Name der Dokumentatorin:**	
Bereich für Tisch- und Regelspiele	1.	
	2.	
	3.	
	4.	
	5.	
Bewegungsraum/Tobebereich	1.	
	2.	
	3.	
	4.	
	5.	
Außenbereich	1.	
	2.	
	3.	
	4.	
	5.	

Tab. 3.9: Dokumentation der Materialnutzung

Dokumentation von Routinen

Zur Dokumentation von Routinen gehören die Bereiche Mahlzeiten, Körperpflege sowie Ruhe- und Schlafphasen.

Dokumentation von Routinen	
Name des Kindes:	**Datum:**
Alter: ___ Jahre ___ Monate	**Name der Dokumentatorin:**

Beschreiben Sie, wie sich das Kind während der Mahlzeiten verhält! Gibt es Besonderheiten, wenn ja welche?

Beschreiben Sie, was das Kind mag und was es nicht mag!

Isst das Kind selbstständig? Welche Unterstützung benötigt es? Beschreiben Sie!

Beschreiben Sie, wie sich das Kind bei Körperpflegeroutinen verhält! Gibt es Besonderheiten, wenn ja welche?

Beschreiben Sie, wie das Kind mit den Regeln im Bereich Körperpflege umgeht!

Dokumentation von Routinen	
Name des Kindes:	**Datum:**
Alter: ___ Jahre ___ Monate	**Name der Dokumentatorin:**

Beschreiben Sie, über welche Fähigkeiten und Fertigkeiten das Kind bei der Körperpflege bereits verfügt!

Beschreiben Sie die Selbstständigkeit des Kindes in Körperpflegeroutinen! Welche Unterstützung benötigt das Kind?

Wie ist ihr Eindruck zum Gesundheitszustand und der Hygiene des Kindes? Beschreiben Sie!

Beschreiben Sie, wie sich das Kind während der Ruhephase verhält! Gibt es Besonderheiten, wenn ja welche?

Wenn das Kind schläft und nicht nur ruht, welche Einschlafroutinen benötigt das Kind? Gibt es Gegenstände, die das Kind benötigt?

Beschreiben Sie, ob und wann das Kind Ruhephasen während des Alltags benötigt und ob das Kind sich diese sucht und wahrnimmt!

Tab. 3.10: Dokumentation Alltagsroutinen

Dokumentation der Begrüßungs- und Verabschiedungssituation sowie des Verhaltens im Tagesablauf

Neben der Dokumentation des Verhaltens des Kindes bei der Begrüßung und Verabschiedung spielt das Zurechtfinden im Tagesverlauf für die Dokumentation eine wichtige Rolle.

Dokumentation der Begrüßung- und Verabschiedungssituation und des Verhaltens im Tagesablauf	
Name des Kindes:	Datum:
Alter: ___ Jahre ___ Monate	Name der Dokumentatorin:

Beschreiben Sie das Kind während der Begrüßungsphase! Wie verabschiedet sich das Kind von den Eltern und wie begrüßt es Sie? Gibt es Besonderheiten?

Beschreiben Sie, wie sich das Kind nach dem Bringen in die Gruppe einfindet!

Orientiert sich das Kind während des Tages selbst in der Gruppe oder benötigt es öfter die Hilfe von Ihnen oder anderen Kindern? Beschreiben Sie!

Benötigt das Kind während des Tages Ruhephasen? Findet es selbst Möglichkeiten dazu oder müssen Sie dem Kind Unterstützung bieten? Beschreiben Sie!

Dokumentation der Begrüßung- und Verabschiedungssituation und des Verhaltens im Tagesablauf	
Name des Kindes:	**Datum:**
Alter: ____ Jahre ____ Monate	**Name der Dokumentatorin:**
Ist das Spiel des Kindes abwechslungsreich? Beschreiben Sie!	
Findet das Kind über den Tag verteilt Spielpartner oder gibt es Phasen, in denen es alleine spielt? Beschreiben Sie!	
Ist das Kind in der Lage, alle Materialien zu nutzen, die es für das eigene Spiel benötigt? Beschreiben Sie!	
Beschreiben Sie, wie intensiv das Kind ihre Nähe benötigt!	
Beschreiben Sie, wie sich das Kind während der Verabschiedung verhält! Wie verabschiedet sich das Kind von Ihnen und wie begrüßt es die Eltern?	

Tab. 3.11: Dokumentation der Begrüßungs- und Verabschiedungssituation und des Verhaltens im Tagesablauf

© Groot-Wilken, B.: Portfolioarbeit leicht gemacht. Cornelsen Scriptor, Berlin, Düsseldorf, Mannheim 2008

2.1.3 Dokumentation von Transitionsprozessen

Hier finden sich Dokumentationshilfen für die Bereiche der Eingewöhnung und den Übergang in die Grundschule. Ergänzt werden die beiden Vorlagen durch eine weitere für Informationen durch die Familien.

Dokumentation der Eingewöhnung

Eine gelungene Eingewöhnungsphase ist für die Kinder sehr wichtig. Das ist umso wichtiger, je jünger sie sind. Die Nutzung dieser Dokumentationshilfe sollte nach ca. vier Wochen und dann noch einmal nach acht Wochen nach der Aufnahme des Kindes benutzt werden.

Dokumentation der Eingewöhnung	
Name des Kindes:	Datum:
Alter: ___ Jahre ___ Monate	Name der Dokumentatorin:
Beschreiben Sie die wichtigsten Absprachen, die mit den Eltern für die Phase der Eingewöhnung getroffen wurden!	
Beschreiben Sie, wie sich das Kind in der Trennungsphase von den Eltern verhalten hat! Wie hat sich das Verhalten im Laufe der Eingewöhnung verändert?	
Gab es problematische Situationen während der Eingewöhnung? Beschreiben Sie diese!	
1.	

Dokumentation der Eingewöhnung	
Name des Kindes:	Datum:
Alter: ___ Jahre ___ Monate	Name der Dokumentatorin:

2.

3.

Wie ist das Kind damit umgegangen?	Wie sind Sie damit umgegangen?	Wie sind die Eltern damit umgegangen?
1.	1.	1.
2.	2.	2.
3.	3.	3.

Dokumentation der Eingewöhnung	
Name des Kindes:	**Datum:**
Alter: ___ Jahre ___ Monate	**Name der Dokumentatorin:**

Beschreiben Sie, wie und mit welchen Kindern das Kind Kontakt aufgebaut hat!

Beschreiben Sie Ihren Kontakt zum Kind!

Welche Spiele spielt das Kind und welche Materialien nutzt es? Beschreiben Sie!

Beschreiben Sie die beobachteten Interessen und Vorlieben des Kindes! Gibt es bereits Veränderungen?

Beschreiben Sie die soziale und emotionale Bindung des Kindes in der Gruppe!

Dokumentation der Eingewöhnung	
Name des Kindes:	**Datum:**
Alter: ___ Jahre ___ Monate	**Name der Dokumentatorin:**

Beschreiben Sie die Kompetenzen, die das Kind mit in die Gruppe gebracht hat!
1.
2.
3.
4.
5.
Beschreiben Sie die Kompetenzen, die das Kind bereits in der Eingewöhnungsphase erworben hat!
1.
2.
3.
4.
5.

Tab. 3.12: Dokumentation der Eingewöhnung

© Groot-Wilken, B.: Portfolioarbeit leicht gemacht. Cornelsen Scriptor, Berlin, Düsseldorf, Mannheim 2008

Dokumentation des Übergangs in die Grundschule

Neben der Dokumentation des Eingewöhnungsgeschehens wird auch die Phase des Übergangs in die Grundschule dokumentiert. Diese Dokumentation sollte ca. sechs Monate vor Ende der Kindergartenzeit und vier bis sechs Wochen vor der Einschulung geführt werden.

Dokumentation des Übergangs in die Grundschule	
Name des Kindes:	Datum:
Alter: ___ Jahre ___ Monate	Name der Dokumentatorin:
Beschreiben Sie die wichtigsten Absprachen, die für den Übergang des Kindes in die Grundschule mit den Eltern getroffen wurden!	
Beschreiben Sie die Veränderung des Kindes, seitdem es ein „Vorschulkind" ist!	
Beschreiben Sie die Interessen, die das Kind in Bezug auf die Schule entwickelt hat!	
Beschreiben Sie die Themen, mit denen sich das Kind in Bezug auf die Schule beschäftigt hat!	
Hat das Kind schon seine neue Schule und seine/n Grundschullehrer/in kennen gelernt? Beschreiben Sie!	
Beschreiben Sie die soziale und emotionale Sicherheit des Kindes bezüglich des Übergangs!	

Tab. 3.13: Dokumentation des Übergangs zur Grundschule

© Groot-Wilken, B.: Portfolioarbeit leicht gemacht. Cornelsen Scriptor, Berlin, Düsseldorf, Mannheim 2008

Dokumentation von Informationen durch die Familien

Der Austausch mit den Familien sollte in den wesentlichen Punkten ebenfalls regelmäßig dokumentiert werden. Hierzu empfiehlt es sich, nicht feste Zeitabstände zu wählen, denn eine Dokumentation ist hier immer ratsam, wenn Familien wichtige Informationen beitragen.

Dokumentation von Informationen durch die Familien	
Name des Kindes:	Datum (aktuell):
Datum des Gespräches/der Gespräche:	
Alter: ___ Jahre ___ Monate	Name der Dokumentatorin:
Schreiben Sie die wesentlichen Informationen der Familien über die Kinder auf und kommentieren oder ergänzen Sie diese mit den Informationen, die Sie bereits hatten oder aus Ihren Beobachtungen und Gesprächen mit den Kindern zur Verfügung stehen!	
Bericht der Familien	Eigene Ergänzungen

Tab. 3.14: Dokumentation von Informationen durch die Familien

2.1.4 Dokumentation von pädagogischen Prozessen

Die Dokumentation von pädagogischen Prozessen im Portfolio bezieht sich an dieser Stelle in erster Linie auf die für die Kinder durchgeführten Angebote, Aktivitäten und Projekte. Für die folgenden drei Bereiche gibt es Dokumentationshilfen: individuelle Förderung, Zielplanung und -erreichung sowie Entwicklungsperspektiven. Die Dokumentation in den Bereichen sollte einmal im Monat stattfinden, um so die Förderung der Kinder intensiv begleiten und gleichzeitig planen und durchführen zu können.

Dokumentation der individuellen Förderung und deren Ziele

In Kapitel 1.3.2 wurde der Zusammenhang des Portfolios mit den Basiskompetenzen beschrieben – in diesem Kontext ist die Dokumentationshilfe zu nutzen. Im Mittelpunkt stehen dabei der Umgang des Kindes mit dem pädagogischen Angebot und sein Verhalten. Die Dokumentationshilfe wird pro Angebot, Aktivität oder Projekt eingesetzt.

Dokumentation der individuellen Förderung und deren Ziele	
Name des Kindes:	Datum:
Alter: ___ Jahre ___ Monate	Name der Dokumentatorin:
Beschreiben Sie das Angebot, die Aktivität oder das Projekt zur individuellen Förderung!	
Welche Gründe gab es für dieses Angebot?	
Welche Lern- und Entwicklungsziele sind mit diesem Angebot verbunden?	
1.	
2.	
3.	
4.	

© Groot-Wilken, B.: Portfolioarbeit leicht gemacht. Cornelsen Scriptor, Berlin, Düsseldorf, Mannheim 2008

Dokumentation der individuellen Förderung und deren Ziele	
Name des Kindes:	**Datum:**
Alter: ___ Jahre ___ Monate	**Name der Dokumentatorin:**

Hat das Kind interessiert am Angebot, an der Aktivität oder am Projekt teilgenommen?

Hat das Kind eigene Ideen eingebracht?

Beschreiben Sie die Veränderung beim Kind während des Angebots, der Aktivität oder des Projekts!

Sind die Lern- und Entwicklungsziele erreicht, zum Teil erreicht oder nicht erreicht? Beschreiben Sie!

1.

2.

3.

4.

Welche weiteren Angebote, Aktivitäten oder Projekte sind zur Erreichung dieser Ziele geplant?

Tab. 3.15: Dokumentation der individuellen Förderung

© Groot-Wilken, B.: Portfolioarbeit leicht gemacht. Cornelsen Scriptor, Berlin, Düsseldorf, Mannheim 2008

Dokumentation von Perspektiven des Kindes

Halbjährlich sollte eine Perspektivdokumentation angelegt werden, die das Erreichte des letzten halben Jahres ebenso dokumentiert wie die Perspektiven für das folgende Halbjahr.

Dokumentation von Perspektiven	
Name des Kindes:	Datum:
Alter: ___ Jahre ___ Monate	Name der Dokumentatorin:
Beschreiben Sie den Zuwachs an Kompetenzen, Fähigkeiten und Fertigkeiten des Kindes!	
Beschreiben Sie, welche Kompetenzen, Fähigkeiten und Fertigkeiten des Kindes im nächsten halben Jahr gefördert werden sollen!	

Tab. 3.16: Dokumentation von Perspektiven

2.1.5 Dokumentation von Gesprächen

Die Dokumentationshilfen für die Gespräche mit den Familien sind so konzipiert worden, dass sie für unterschiedliche Themen nutzbar sind. Die Vorlagen sind nicht für systematische Entwicklungsgespräche geeignet (vgl. hierzu Groot-Wilken, 2007), sondern dienen der Dokumentation von wichtigen Themen aus Gesprächen mit Eltern für die Planung individueller Fördererangebote. Sowohl für die Gespräche mit den Familien als auch mit den Kindern sollten die Dokumentationshilfen nach Bedarf eingesetzt werden.

Dokumentation von Gesprächen mit Kindern	
Name des Kindes:	Datum:
Alter: ___ Jahre ___ Monate	Name der Dokumentatorin:
Dauer des Gespräches: ___ Min.	Gespräch: ❏ Folgegespräch: ❏
Wer hat das Gespräch initiiert? Beschreiben Sie den Anlass!	
Um welches Thema ging es in dem Gespräch?	
Notieren Sie die Aussagen des Kindes zum Thema!	
1.	
2.	
3.	
4.	
5.	

Dokumentation von Gesprächen mit Kindern	
Name des Kindes:	**Datum:**
Alter: ___ Jahre ___ Monate	**Name der Dokumentatorin:**
Dauer des Gespräches: ___ Min.	**Gespräch:** ❑ **Folgegespräch:** ❑

Notieren Sie Ihre Aussagen zum Thema!

1.

2.

3.

4.

5.

Hat das Kind eigene Ideen ins Gespräch mit eingebracht? Beschreiben Sie diese!

1.

2.

3.

4.

5.

Dokumentation von Gesprächen mit Kindern	
Name des Kindes:	**Datum:**
Alter: ___ Jahre ___ Monate	**Name der Dokumentatorin:**
Dauer des Gespräches: ___ Min.	**Gespräch:** ❑ **Folgegespräch:** ❑

Welche Bedarfe und/oder Bedürfnisse haben Sie während des Gespräches erkennen können? Beschreiben Sie diese!

1.

2.

3.

4.

5.

Haben noch andere Kinder am Gespräch teilgenommen? Welche Kinder waren es und was haben Sie zum Thema beigetragen?

Sind weitere Gespräche mit dem Kind geplant oder nötig? Beschreiben Sie die Gründe!

Tab. 3.17: Dokumentation von Gesprächen mit Kindern

© Groot-Wilken, B.: Portfolioarbeit leicht gemacht. Cornelsen Scriptor, Berlin, Düsseldorf, Mannheim 2008

Dokumentation von Gesprächen mit Familien	
Name des Kindes:	Datum:
Alter: ___ Jahre ___ Monate	Name der Dokumentatorin:
Dauer des Gespräches: ___ Min.	Teilnehmer aus der Familie:

Wer hat das Gespräch initiiert bzw. was war der Anlass des Gespräches?

Um welches Thema ging es in dem Gespräch?

Notieren Sie die Aussagen der Familie zum Thema!

1.

2.

3.

4.

5.

Dokumentation von Gesprächen mit Familien	
Name des Kindes:	Datum:
Alter: ___ Jahre ___ Monate	Name der Dokumentatorin:
Dauer des Gespräches: ___ Min.	Teilnehmer aus der Familie:

Notieren Sie Ihre Aussagen zum Thema!

1.

2.

3.

4.

5.

Hat die Familie eigene Aspekte bzw. Lösungsansätze ins Gespräch mit eingebracht? Beschreiben Sie diese!

1.

2.

3.

4.

5.

Dokumentation von Gesprächen mit Familien	
Name des Kindes:	Datum:
Alter: ___ Jahre ___ Monate	Name der Dokumentatorin:
Dauer des Gespräches: ___ Min.	Teilnehmer aus der Familie:

Welche Bedarfe und/oder Bedürfnisse haben Sie während des Gespräches für das Kind erkennen können? Beschreiben Sie diese!
1.
2.
3.
4.
5.
Welche Aufgaben übernehmen die Familien? Beschreiben Sie diese!
Beschreiben Sie die vereinbarten Ziele mit der Familie! Sollten Sie mit Zielvereinbarungen arbeiten, legen Sie diese bei!
Sind weitere Gespräche mit der Familie geplant oder nötig? Beschreiben Sie die Gründe!

Tab. 3.18: Dokumentation von Gesprächen mit Familien

2.2 Das Kompetenzportfolio

Im Kompetenzportfolio dokumentieren die Kinder eigenständig ihre Fähigkeiten und Fertigkeiten, aber sie beschreiben auch sich selbst. Die vorliegende Auswahl von Themen spiegelt die wichtigsten Elemente wieder. Die Kinder sollen so weit wie möglich die Dokumentation selbst durchführen. Die Fachkräfte sollte nur an den Stellen Unterstützung bieten, an denen den Kindern die Kompetenzen zur Dokumentation fehlen, beispielsweise beim Beschreiben von Bildern oder wenn andere Texte notwendig sind.

2.2.1 Das Kind beschreibt sich und seine Familie

Hier finden sich Seiten, mit denen die Kinder sich selbst, ihre Familien und ihre Freunde ebenso vorstellen können wie ihre Wünsche, Vorstellungen und Interessen.

Hier bin ich

Das Kind stellt sich mit dieser Seite den anderen Kindern und den Fachkräften vor. Diese Vorstellungsseite im Portfolio sollte einmal im Jahr vom Kind angefertigt werden – am besten mit dem Beginn des neuen Kindergartenjahres. Die Sammlung von mehreren „Hier bin ich"-Seiten gibt aufschlussreiche Informationen über die Sicht des Kindes auf sich selbst im Laufe der Zeit.

Hier bin ich		
Ich heiße _____ und bin ____ Jahre alt.		
	FOTO	
Ich bin in _____ geboren.		Ich wohne in _____

Meine Haare sind _____ und ich habe _____ Augen.

Ich bin schon ziemlich groß, nämlich _____ Zentimeter.

Was jeder über mich wissen sollte:

Ich freue mich auf den Kindergarten, weil …

Datum: ____ . ____ . _____

Beim Ausfüllen meiner „Hier bin ich"-Seite

hat mir _____ geholfen.

Tab. 3.19: Hier bin ich

Das ist meine Familie

Die „Das ist meine Familie"-Seite wird von den Kindern einmal im Jahr angefertigt, auch hier kann man den sich verändernden Blick auf die Familie erkennen, aber auch Veränderungen innerhalb der Familie.

Hier bin ich	
Mein Name ist	Zeichnung des Kindes
Das ist meine Mama:	Das ist mein Papa:

Hier bin ich

Das sind meine Geschwister.

Er heißt/sie heißt/sie heißen: _____

So sehen wir aus, wenn wir alle etwas Schönes unternehmen:

Datum: _____ . _____ . _____

Beim Malen meiner „Familien"-Seite

hat mir _____ geholfen.

Tab. 3.20: Das ist meine Familie

Das sind meine Freunde

Auf dieser Seite stellen die Kinder ihre beiden besten Freunde vor und was sie am liebsten mit ihnen gemeinsam unternehmen. Auch diese Seite erstellen die Kinder mindestens einmal im Jahr.

Das sind meine Freunde	
Mein Name ist _____	
Das ist meine Freundin/mein Freund _____ Sie/er ist ____ Jahre alt.	Das ist meine Freundin/mein Freund _____ Sie/er ist ____ Jahre alt.
Zeichnung des Kindes	Zeichnung des Kindes
Ich kenne meine Freundin/mein Freund schon ____ Jahre	Ich kenne meine Freundin/mein Freund schon ____ Jahre
Das mache ich am liebsten mit meiner Freundin/meinem Freund:	Das mache ich am liebsten mit meiner Freundin/meinem Freund:

Das sind meine Freunde

Das mag ich besonders an meiner Freundin/an meinem Freund:	Das mag ich besonders an meiner Freundin/an meinem Freund:
Das ärgert mich an meiner Freundin/an meinem Freund:	Das ärgert mich an meiner Freundin/an meinem Freund:
So sehen wir aus, wenn wir uns sehr gut verstehen:	So sehen wir aus, wenn wir uns sehr gut verstehen:
Datum: _____ . _____ . _____	Beim Erstellen meiner „Freunde"-Seite hat mir _____ geholfen.

Tab. 3.21: Das sind meine Freunde

So sehe ich aus

Jedes halbe Jahr sollte das Kind von sich ein Selbstportrait erstellen.

So sehe ich aus	
Mein Name ist _____ und ich bin jetzt ___ Jahre alt.	

Tab. 3.22: So sehe ich aus

© Groot-Wilken, B.: Portfolioarbeit leicht gemacht. Cornelsen Scriptor, Berlin, Düsseldorf, Mannheim 2008

Das mag ich und das mag ich nicht

Hier kann das Kind zu ausgewählten Bereichen, aber auch frei malen oder beschreiben, was es besonders oder gar nicht mag. Die „Das mag ich"-Seite sollte einmal im halben Jahr von den Kindern erstellt werden.

Das mag ich und das mag ich nicht	
Mein Name ist _____ **und ich bin** ___ **Jahre alt.**	
Das mag ich ☺	Das mag ich nicht ☹
Das spiele ich gerne:	Das spiele ich nicht gerne
Text oder Zeichnung	Text oder Zeichnung
Hier bin ich gerne:	Hier bin ich nicht gerne:
Text oder Zeichnung	Text oder Zeichnung

Das mag ich und das mag ich nicht	
Mein Name ist _____ **und ich bin** ___ **Jahre alt.**	
Das esse ich gerne: Text oder Zeichnung	Das esse ich nicht gerne: Text oder Zeichnung
Das tut mir gut: Text oder Zeichnung	Das tut mir nicht so gut: Text oder Zeichnung
Das mag ich auch noch gerne: Text oder Zeichnung	Das mag ich ansonsten nicht so gerne: Text oder Zeichnung
Datum: ___ . ___ . _____	Beim Erstellen meiner „Das mag ich"-Seite hat mir _____ geholfen.

Tab. 3.23: Das mag ich und das mag ich nicht

Das wünsche ich mir

Hier kann das Kind seine Wünsche malen. Die „Das wünsche ich mir"- Seite sollte ebenfalls einmal im halben Jahr gemalt werden.

Das wünsche ich mir	
Mein Name ist _____ und ich bin ____ Jahre alt.	
Beschreibung des Bildes:	
Datum: ____ . ____ . _____	Beim Erstellen meiner „Wünsche"-Seite hat mir _____ geholfen.

Tab. 3.24: Das wünsche ich mir

So geht es mir

Auf dieser Seite hat das Kind die Möglichkeit, seine Gefühle darzustellen, indem es sich fröhlich, traurig, wütend oder in einem anderen Gemütszustand malen kann. Die Smileys geben dem Kind die Möglichkeit, das passende Gefühl zu bestimmen. Ein kurzer Kommentar der Fachkraft beschreibt die Situation, in der sich das Kind so gefühlt hat. Der Einsatz dieser Seite ist flexibel.

So geht es mir	
Mein Name ist _____ **und ich bin** ___ **Jahre alt.**	
Ich fühle mich	fröhlich traurig wütend ängstlich anders: _____

Beschreibung des Bildes:

Datum: ____ . ____ . _____

Beim Erstellen meiner „So geht es mir"-Seite

hat mir _____ geholfen.

Tab. 3.25: So geht es mir

Darüber streite ich manchmal

Das Kind beschreibt oder malt Szenen und Situationen, in denen es sich manchmal streitet. Diese Seite sollte ebenfalls flexibel eingesetzt werden.

Darüber streite ich manchmal	
Mein Name ist _____ **und ich bin** ___ **Jahre alt.**	
Beschreibung des Bildes:	
Datum: ___ . ___ . _____	Beim Erstellen meiner „Streit"-Seite hat mir _____ geholfen.

Tab. 3.26: Darüber streite ich manchmal

Das ist meine Gruppe

Das Kind malt seine Gruppe. Dieses sollte das Kind so oft tun können, wie es mag.

Diese Regel ist mir wichtig	
Mein Name ist _____ **und ich bin** ___ **Jahre alt.**	
Text oder Bild	
Beschreibung des Bildes:	
Datum: ___ . ___ . _____	Beim Erstellen meiner „Meine Gruppe"-Seite hat mir _____ geholfen.

Tab. 3.27: Das ist meine Gruppe

2.2.2 Das Kind beschreibt, was es kann und was es lernen möchte

Auf den nachfolgenden Seiten beschreibt das Kind, was es bereits kann, also schon gelernt hat, und was es noch lernen möchte. Dazu gehören auch Vorstellungen über Themen, die in der Tageseinrichtung angesprochen werden können. Die Kinder sollten regelmäßig, dass heißt in der Regel zwei- bis dreimal im Jahr die Chance haben, diese Seiten zu erstellen.

Das kann ich schon

Das Kind dokumentiert hier seine Fähigkeiten und Fertigkeiten. Für dieses komplexe Thema gibt es eine universell einsetzbare Vorlage. Das Kind sollte die Seite für alle möglichen Bildungs- und Funktionsbereiche ausfüllen.

Das kann ich schon		
Mein Name ist _____ **und ich bin** ____ **Jahre alt.**		
Bildungs- und Funktionsbereich	❑ Kognition ❑ Sprechen ❑ Bewegung ❑ Sozial-emotionale Fähigkeiten	❑ Kreativer und musischer Bereich ❑ Bau- und Konstruktionsbereich ❑ Regel- und Tischspiele
Beschreibung des Bildes:		
Datum: ____ . ____ . _____	Beim Erstellen meiner „Das kann ich schon"-Seite hat mir _____ geholfen.	

Tab. 3.28: Das kann ich schon

Das habe ich gemacht

Hier kann das Kind mitteilen, was es vor kurzer Zeit gemacht hat. Diese Seite ist den Kindern immer zugänglich und kann so oft wie gewünscht genutzt werden.

Das habe ich gemacht
Mein Name ist _____ **und ich bin** ____ **Jahre alt.**
Beschreibung des Bildes:

	Beim Erstellen meiner „Das habe ich gemacht"-Seite
Datum: ____ . ____ . _____	hat mir _____ geholfen.

Tab. 3.29: Das habe ich gemacht

Das würde ich gerne mal im Kindergarten machen

Das Kind kann hier seine Wünsche über mögliche Themen dokumentieren. Diese Seite sollte für die Kinder immer nutzbar sein.

Das würde ich gerne mal im Kindergarten machen	
Mein Name ist _____ **und ich bin** ____ **Jahre alt.**	
Beschreibung des Bildes:	
Datum: ____ . ____ . _____	Beim Erstellen meiner „Kindergarten"-Seite hat mir _____ geholfen.

Tab. 3.30: Das würde ich gerne mal im Kindergarten machen

Das möchte ich noch gerne lernen

Auf der „Das möchte ich gerne noch lernen"-Seite teilen Kinder mit, was sie gerne noch lernen möchten. Auch diese Seite sollte flexibel eingesetzt werden und den Kindern frei zur Verfügung stehen.

Das möchte ich noch gerne lernen
Mein Name ist _____ **und ich bin** ___ **Jahre alt.**
Beschreibung des Bildes:

	Beim Erstellen meiner „Das möchte ich noch lernen"-Seite
Datum: ___ . ___ . _____	hat mir _____ geholfen.

Tab. 3.31: Das möchte ich noch gerne lernen

Das mag ich am Kindergarten

Was die Kinder am Kindergarten gerne mögen und was nicht, dokumentieren sie nach Bedarf auf der „Das mag ich am Kindergarten"-Seite.

Das mag ich am Kindergarten	
Mein Name ist _____ **und ich bin** ___ **Jahre alt.**	
Das mag ich am Kindergarten ☺	Das mag ich nicht am Kindergarten ☹
	Beim Erstellen meiner „Das mag ich am Kindergarten"-Seite
Datum: ___ . ___ . _____	hat mir _____ geholfen.

Tab. 3.32: Das mag ich am Kindergarten

Diese Regel ist mir wichtig

Hier kann das Kind eine Regel benennen und von der Fachkraft aufschreiben lassen, die ihm besonders wichtig ist oder diese zeichnerisch darstellen. Diese Seite sollte ca. jedes halbe Jahr erstellt werden.

Diese Regel ist mir wichtig
Mein Name ist _____ **und ich bin** ____ **Jahre alt.**
Text oder Bild

Beschreibung des Bildes:

	Beim Erstellen meiner „Regel"-Seite
Datum: ____ . ____ . _____	hat mir _____ geholfen.

Tab. 3.33: Diese Regel ist mir wichtig

© Groot-Wilken, B.: Portfolioarbeit leicht gemacht. Cornelsen Scriptor, Berlin, Düsseldorf, Mannheim 2008

Das singe und reime ich gerne

Hier kann das Kind seinen Lieblingsreim oder sein Lieblingslied von der Fachkraft aufschreiben lassen und ein Bild dazu malen.

Das singe und reime ich gerne
Mein Name ist _____ **und ich bin** ___ **Jahre alt.**
Das ist der Text meines Lieblingsreimes oder -liedes:
Zeichnung des Kindes
Beschreibung des Bildes:

	Beim Erstellen meiner „Singen und Reimen"-Seite
Datum: ____ . ____ . _____	hat mir _____ geholfen.

Tab. 3.34: Das singe und reime ich gerne

Ich unterhalte mich

Hier kann das Kind seine Unterhaltung mit anderen Kindern und den Fachkräften dokumentieren. Diese Seite steht den Kindern immer zur Verfügung

Ich unterhalte mich	
Mein Name ist _____ **und ich bin** ___ **Jahre alt.**	
Ich unterhalte mich mit _____	
Ich unterhalte mich über:	
Text oder Bild	
Beschreibung des Bildes:	
Datum: ___ . ___ . _____	Beim Erstellen meiner „Gespräche"-Seite hat mir _____ geholfen.

Tab. 3.35: Ich unterhalte mich

Meine Lieblingssachen

Welches sind die Lieblingsbücher, -märchen, -geschichten, -filme, -spiele und -spielmaterialien? Das Kind dokumentiert auf dieser Seite seine Vorlieben in halbjährlichen Intervallen.

Meine Lieblingssachen	
Mein Name ist _____ **und ich bin** ___ **Jahre alt.**	
Das ist mein Lieblingsbuch	
Das ist meine Lieblingsgeschichte	
Das ist mein Lieblingsmärchen	
Das ist mein Lieblingsfilm	
Das ist mein Lieblingsspiel	
Das sind meine Lieblingsspielmaterialien	
Datum: ____ . ____ . _____	Beim Erstellen meiner „Lieblings"-Seite hat mir _____ geholfen.

Tab. 3.36: Meine Lieblingssachen

Am besten lerne ich

Auf dieser Seite kann das Kind Bedingungen benennen oder malen, damit es gut lernen kann. Diese Vorlage sollte das Kind viermal im Jahr erstellen.

Am besten lerne ich	
Mein Name ist _____ **und ich bin** ___ **Jahre alt.**	
Am besten lerne ich, wenn	
1.	
2.	
3.	
4.	
Datum: ___ . ___ . _____	Beim Erstellen meiner „Lernen"-Seite hat mir _____ geholfen.

Tab. 3.37: Ich freue mich auf die Schule

Meine Frage an euch

Immer wenn das Kind Fragen an die Gruppe oder an die Fachkräfte hat, kann es diese Seite nutzen, um die Frage zu stellen.

Meine Frage an euch
Mein Name ist _____ **und ich bin** ___ **Jahre alt.**
Ich möchte gerne Folgendes von euch wissen:

Datum: ___ . ___ . _____

Beim Erstellen meiner „Fragen"-Seite

hat mir _____ geholfen.

Tab. 3.38: Meine Frage an euch

Ich freue mich auf die Schule

Das Kind, das nun „Vorschulkind" ist, kann seine Vorstellung und Erwartungen an die Schule hier malen. „Vorschulkinder" sollten diese Seite im letzten Kindergartenjahr öfter bearbeiten.

Ich freue mich auf die Schule
Mein Name ist _____ **und ich bin** ____ **Jahre alt.**
Ich kenne meine neue Schule schon. Sie heißt: _____
Meine neue Lehrerin bzw. meinen neuen Lehrer kenne ich auch.   Sie bzw. er heißt: _____
Das interessiert mich zurzeit am meisten an der Schule   Text
Das möchte ich noch über die Schule wissen: Text
Das macht mir etwas Angst, wenn ich an die Schule denke: Text
Datum: ____ . ____ . _____   Beim Erstellen meiner „Schule"-Seite   hat mir _____ geholfen.

Tab. 3.39: Ich freue mich auf die Schule

2.3 Das Familienportfolio

Es ist wünschenswert, dass die Familien an möglichst vielen Stellen die Arbeit der Tageseinrichtung unterstützen. Eine Möglichkeit ist die Teilnahme an der Portfolioarbeit. Sie können ihre Informationen über ihre Kinder in das Familienportfolio geben und den Fachkräften zur Verfügung stellen.

Aufgrund der Unterschiedlichkeit der Familien ist es schwierig, ihnen Dokumentationshilfen für unterschiedliche Themen an die Hand zu geben. Sie sollen vielmehr ihren Möglichkeiten und Neigungen entsprechend Beiträge liefern. Dabei ist die Mitteilungsmethode unwichtig. Dennoch ist es wichtig, dass alle Beiträge einigen Regeln folgen:

Alle Beiträge

- Sind datiert
- Tragen den Namen des Verfassers
- Tragen den Namen des Kindes
- Haben einen Titel
- Beinhalten keine Analysen, sondern ausschließlich Deskriptionen
- Sind möglichst kurz
- Beinhalten keine Empfehlungen an die Fachkräfte
- Beinhalten keine Vorwürfe an Dritte
- Handeln immer nur vom eigenen Kind.

Familien können über alle Themen, die für die pädagogische Arbeit in der Tageseinrichtung Bedeutung haben, schreiben oder in einer anderen Form ihre Informationen mitteilen. Einrichtungen können mit den Familien gemeinsame Absprachen treffen und auch Dokumentationsvorlagen entwickeln.

Die Dokumentationshilfen für die Familien können nach dem gleichen Prinzip wie die der Fachkräfte aufgebaut sein. Fachkräfte können durch eine Gliederung in der Dokumentationshilfe Themenbereiche vorgeben. Es ist auch denkbar, dass sie vollständige Dokumentationshilfen für die Zusammenarbeit mit den Familien entwickeln. Themen können sein:

- Was erzählt das Kind zu Hause über die Tageseinrichtung?
- Was unternimmt das Kind zuhause? Welche Spiele spielt es? Wie häufig sieht das Kind fern und was schaut es an? Spielt das Kind mit dem Computer?
- Welche Beziehung hat das Kind zu den Eltern, Geschwistern, Freunde?
- Welche Freizeitaktivitäten unternimmt das Kind (Sport, Musik- oder Malschule etc)?
- Wie geht das Kind mit Konflikten um?
- Welche Fähigkeiten und Fertigkeiten entdecken die Familien bei den Kindern?
- Was unternehmen Familien mit dem Kind?
- Was isst das Kind gerne?

2.4 Das Vorstellungsportfolio

Bei der Auswahl von Dokumenten für das Vorstellungsportfolio werden in erster Linie Dokumente aus dem Kompetenzportfolio ausgewählt und durch Berichte der Fachkräfte ergänzt. Die Dokumentationshilfen aus dem Entwicklungsportfolio eignen sich weniger. Vielmehr sollten die Fachkräfte einen kurzen beschreibenden Bericht für das Kind formulieren. Eine Ergänzung des Vorstellungsportfolios durch andere Medien wie Tondokumente oder Videoaufzeichnungen ist zu empfehlen.

Welche Dokumente aus dem Kompetenzportfolio ausgewählt werden, wird gemeinsam mit dem Kind und der Familie besprochen. Es wird von Kind zu Kind zu einer unterschiedlichen Auswahl kommen. Wichtig ist, dass das Kind in seiner Gesamtheit durch die Auswahl der Werke und Dokumente repräsentiert wird.

In einem Vorstellungsportfolio sollte immer etwas zu den folgenden Themen zu finden sein:

- Wer ist das Kind? Wer gehört zu seiner Familie und seinen Freunden?
- Wie sieht sich das Kind selbst?
- Was mag das Kind?
- Woran ist das Kind interessiert?
- Was kann das Kind? Welche Vorlieben hat es im Spiel?
- Was möchte das Kind lernen?
- Was sind Besonderheiten des Kindes?

Außerdem sollte es einen kurzen Bericht der Fachkraft über den Entwicklungsverlauf des Kindes und seine Besonderheiten sowie Arbeitsproben zu unterschiedlichen Themenbereichen und mit unterschiedlichen Techniken enthalten.

Die Arbeit mit dem Portfolio – ein methodischer Leitfaden für die Umsetzung in der Einrichtung

Kapitel 3

Im letzten Teil dieses Buches wird ein Entwicklungsmodell für die Arbeit mit dem Portfolio vorgestellt. Es orientiert sich am professionellen Wissen der Teams, dessen Aufgabe die inhaltliche und strukturelle Entwicklung des Themas ist. Im Team werden inhaltliche Schwerpunkte, Entwicklungstempo und -bedingungen festgelegt.

Die Arbeit mit dem Portfolio ist komplex und umfangreich, deshalb ist eine gute Vorbereitung unerlässlich. Dazu gehört nicht zuletzt eine klare zeitliche Planung, die allen Beteiligten vermittelt werden muss. Die pädagogischen Fachkräfte beginnen mit einzelnen Elementen einer Portfolioart, nach und nach kommen weitere Elemente und weitere Portfolioarten hinzu. Der folgende methodische Leitfaden führt die Teams durch diesen Prozess.

3.1 Implementationsschritte

Für den Erprobungs- und Implementationsprozess ist es wichtig, nicht zu viele Elemente auf einmal neu einzuführen. Im Folgenden wird eine Herangehensweise für die Erprobung und Implementation vorgestellt, die die einzelnen Elemente des Portfolios in einer sinnvollen und aufeinander aufbauenden Weise anordnet.

Teams beginnen die Portfolioarbeit mit dem **Entwicklungsportfolio** und entwickeln Schritt für Schritt einzelne Elemente, wie z. B. Tagebuchaufzeichnungen. Eine Fachkraft kann nicht innerhalb von wenigen Tagen ihr komplettes Dokumentationssystem so umstellen, dass sie in der Lage ist, ein Tagebuch oder auch Karteikarten für alle Kinder in allen relevanten Entwicklungsbereichen zu führen. Aus diesem Grund werden zunächst ein bis zwei Kinder ausgewählt und für diese eine Dokumentation begonnen. Nach und nach können die Themen der Dokumentation oder die Anzahl der Kinder erhöht

werden. Erst wenn sich die Fachkraft in diesem Element der Dokumentation innerhalb des Portfolios sicher fühlt, beginnt sie mit einem neuen Element, wie beispielsweise der Dokumentation mit Fotos oder der Videografie.

Nachdem die Fachkräfte der Einrichtung das Entwicklungsportfolio erprobt und implementiert haben, wenden sie sich der Erarbeitung der nächsten Portfolioart zu, dem **Kompetenzportfolio.** Auch in diesem Bereich muss die Einführung der verschiedenen Elemente langsam vonstatten gehen. Zum einen müssen die Fachkräfte mit den vielen neuen Dokumenten der Kinder umgehen lernen, zum anderen dürfen die Kinder nicht mit einer Flut neuer Aufgaben und Vorlagen überfordert werden. Deshalb führen Fachkräfte zunächst einige der Vorlagen für das Kompetenzportfolio ein. Die Vorlage „Das bin ich" bietet sich dabei als Start an und wird dann durch andere Vorlagen ergänzt. Wenn diese von den Kindern akzeptiert und bearbeitet worden sind, führen Fachkräfte weitere Elemente, wie beispielsweise Audio- und Videoaufzeichnungen, ein.

Im Anschluss an die Erprobung und Implementation des Kompetenzportfolios, wenden sich die Teams dem **Familienportfolio** zu. Um dieses erproben zu können, müssen die Familien über den Zweck der Arbeit mit Portfolios informiert sein und die Möglichkeiten der Mitgestaltung kennen. Inwieweit Familien die Möglichkeit nutzen werden, ist vermutlich von Einrichtung zu Einrichtung sehr unterschiedlich. Fachkräf-

te begleiten die Einführung intensiv und führen auch immer wieder Gespräche mit den Familien, fordern sie zur Wahrnehmung dieser Mitgestaltungsmöglichkeit auf und geben ihnen positives Feedback.

Am Ende der Implementation steht die Zusammenstellung der einzelnen Dokumente zu einem Vorstellungsportfolio. Dieser Prozess wird gemeinsam mit den Kindern und den Familien durchgeführt. Fachkräfte achten darauf, dass Familien sich in jedem Fall in diesen Prozess einbringen.

3.2 Das Entwicklungsmodell

Die Entwicklung der Arbeit mit dem Portfolio basiert auf systematischen Schritten, die auf klar definierte Aufgaben und Zuständigkeiten einzelner Personen beruhen (vgl. Groot-Wilken 2007; Groot-Wilken/Warda 2007).

3.2.1 Moderation der Prozesse

In diesem systematischen Prozess gibt es eine Person, die die Verantwortung für die Moderation des Prozesses übernimmt: die Moderatorin. Sie hat zwei zentrale Aufgaben:

- Begleitung und Moderation des Prozesses
- Steuerung und Vorbereitung einzelner Teilschritte.

Der Moderatorin kommt eine Schlüsselrolle zu. Neben der Übernahme der Verantwortung für die fachliche Ausrichtung und Entwicklung, orientiert an der fachwissenschaftlichen Diskussion, übernimmt sie auch die Verantwortung für die Gestaltung und Einhaltung des Prozesses. Die Moderatorin ist verantwortlich für

- Die Planung des Verfahrens und der Bereitstellung von Ressourcen

- Die Vorbereitung und Durchführung einzelner Entwicklungsschritte
- Die Dokumentation und das Controlling des Verfahrens
- Die Sicherung der Ergebnisse
- Die Motivation, Information und Begleitung aller Beteiligten
- Ein gutes Arbeitsklima.

Eine professionelle Moderation orientiert sich an folgenden Prinzipien:

- Verlässlichkeit: Absprachen sind verbindlich
- Anbindung der Zielperspektive an die fachliche Diskussion
- Orientierung der Arbeit an Zielen und Ergebnissen
- Akzeptanz der eigenen Meinung im Team und die Akzeptanz der Verfahrensweise.

Es gibt sehr gute Gründe dafür, dass die Leiterin der Einrichtung die Rolle der Moderatorin übernimmt. Leiterinnen

- Verfügen über Kenntnisse in Moderation, Führung, Controlling und Management

- Haben Personalverantwortung und führen Personalentwicklungsgespräche durch

- Sind die einzigen Personen, denen Zeit für organisatorische Aufgaben bereitgestellt wird

- Sind die Vertreterinnen der Einrichtungen

- Sind Ansprechpartner des Elternrats und der Eltern

- Planen normalerweise Teambesprechungen

- Kennen die gesamte Einrichtung und alle Fachkräfte gut

- Haben die Interessen der Mitarbeiter und des Trägers im Blick.

3.2.2 Dynamisches Entwicklungsmodell

Das Entwicklungsmodell gliedert sich in drei Phasen: die Orientierungsphase, die Entwicklungsphase und die Reflexionsphase. Die einzelnen Schritte dieses Modells sind aufeinander abgestimmt und bauen auf einander auf. So ist sichergestellt, dass die Beschäftigung mit dem jeweiligen Thema auf bereits Erarbeitetes bzw. in der Einrichtung vorhandene professionelle Kompetenz zurückgreifen kann.

Orientierungsphase

Der Prozess beginnt damit, dass sich die Fachkräfte einen Überblick über den Entwicklungsstand der Einrichtung hinsichtlich des zu bearbeitenden Themas verschaffen und sich im Team darüber austauschen. Dieser Prozess kann unterschiedlich gestaltet werden. Die Bestandsaufnahme kann im Team, in Kleingruppen oder durch einzelne Fachkräfte stattfinden. Ziel dieses ersten Schrittes ist es, alle Fachkräfte genau über den Stand in der Einrichtung zu informieren und einen ersten Austausch über das Thema zu initiieren. Danach diskutieren Fachkräfte gemeinsam über das Thema und informieren sich mit Hilfe von Literatur über den aktuellen Stand der fachlichen Diskussion. Auf dieser Grundlage entwickeln Teams ihre ersten Ideen für die pädagogische Arbeit.

In der Orientierungsphase stehen drei Fragekomplexe im Mittelpunkt der Auseinandersetzung:

- Was tue ich bereits und wie sieht die Arbeit innerhalb der Kindergruppe aus?

- Welche gruppenübergreifende bzw. einrichtungsspezifische Konzeption liegt für dieses Thema vor?

- Wie ist der Stand des fachwissenschaftlichen Diskurses?

Aus der Analyse des Ist-Zustandes leiten sich Fragestellungen für den weiteren Entwicklungsprozess ab. In diesen ersten Diskussionen innerhalb des Entwicklungsprozesses machen sich die Fachkräfte ein Bild über die pädagogischen Herangehensweisen in den Gruppen, die Einrichtungskultur und die Gedanken und Vorstellungen der Kolleginnen, die im weiteren Prozess immer wieder wichtige Entwicklungsimpulse liefern.

Entwicklungsphase

Die zweite Phase des Entwicklungsprozesses ist die Entwicklungsphase. Hier liegt der Schwerpunkt in der Erarbeitung eines Konzeptes und dessen praktischer Erprobung.

Im ersten Schritt vergleicht das Team seine pädagogische Arbeit, Schwerpunkte und Prozesse mit dem Stand der aktuellen Fachdiskussion und bestimmt somit Schnittmengen und Leerstellen. Schnittmengen sind die Bereiche des Themas, die in der Einrichtung bereits in Teilen oder gänzlich umgesetzt werden; Leerstellen sind die Bereiche, die in der Einrichtung noch keine Berücksichtigung finden. Basierend auf dieser Synopse entwickelt das Team eine thematische Skizze darüber, wie das Thema in der Einrichtung umgesetzt werden soll. Da die meisten Themen sehr komplex sind, müssen Teams die Umsetzung Schritt für Schritt planen und angehen. Die Ergebnisse werden in einem zyklischen Verfahren der stetigen Ergebnissicherung und -überprüfung unterzogen. Erreichtes wird durch das Team immer wieder geprüft, ist es nicht mehr vorhanden, setzt der Kreislauf Entwicklung und Sicherung wieder ein und der Aspekt muss im Team noch einmal bearbeitet werden bzw. die Umsetzung wieder aktiviert werden.

Der Prozess wird deshalb als dynamisch bezeichnet, weil sich die Entwicklungsschritte fortlaufend gegenseitig beeinflussen. Aus der Erprobung der Skizze ergeben sich Veränderungen und möglicherweise auch Umsteuerungsnotwendigkeiten. Die Prüfung auf Praxistauglichkeit ist ein wesentliches Element für die Entwicklung eines handhabbaren Modells. Theoretische Modelle, die nicht praxistauglich sind, haben für die pädagogische Arbeit keine Relevanz.

In der Auseinandersetzung mit einen Thema und der Schwerpunktsetzung durch das Team werden Ziele entwickelt, Methoden angewendet und Verfahren erprobt. Dadurch entsteht ein individuelles einrichtungsspezifisches Konzept.

Dieser Teil des Prozesses nimmt in der Regel am meisten Zeit und Ressourcen in Anspruch. Diese Zeit zu investieren lohnt sich jedoch. Das am Ende stehende Modell kann nun in der letzten Phase umgesetzt werden.

Reflexionsphase

Der Entwicklungsprozess schließt mit der Reflexionsphase, an deren Ende ein in der Praxis erprobtes Konzept zum jeweiligen Thema steht. Dieses wird als Bestandteil der pädagogischen Einrichtungskonzeption schriftlich fixiert. Die Güte der pädagogischen Arbeit wird transparent und nachvollziehbar für andere Personen. Eltern können sich auf bestimmte Arbeitsweisen, Inhalte und Methoden verlassen und wissen ihre Kinder somit in guten Händen. Träger teilen mit ihren Mitarbeiterinnen die Verantwortung, nach bestem Fachwissen Bildung und Betreuung sicherzustellen und sich dieser Verantwortung in einem kontinuierlichen und systematischen Prozess zu stellen. In dieser Phase wird das Konzept nun vollständig implementiert. Es wird in den Alltag überführt und die neu erworbenen Kompetenzen gehen in das persönliche Handlungsrepertoire der Fachkräfte über. Am Ende des Prozesses sind noch zwei Aufgaben zu erfüllen: die Reflexion des Arbeitsprozesses und die Erarbeitung eines Standards.

Die Reflexion folgt dabei acht Fragestellungen:

- An welchen Stellen kann das Team seine Arbeitsweisen effektiver und effizienter gestalten?

- Wie können die Stärken von Kolleginnen optimal genutzt werden?

- An welchen Stellen ist die Unterstützung von externen Personen hilfreich gewesen oder könnte sie für zukünftige Prozesse hilfreich sein?

- Welche Erfahrungen sind übertragbar auf andere Arbeitsfelder in der Tagesstätte? Aus welchen Erfahrungen lernt das Team für weitere Prozesse?

- Welche Auswirkungen haben intensive Arbeitseinheiten auf das Arbeitsklima?

- Was würde das Team in Zukunft anders machen?

- Womit sind die einzelnen Fachkräfte zufrieden bzw. unzufrieden?

- Welche zusätzlichen Kompetenzen hat die einzelne Fachkraft dazu gewonnen?

Jede Einrichtung sollte die Ergebnisse ihrer Entwicklung nicht nur in einem internen pädagogischen Konzept niederschreiben, sondern in Form eines Standards für Außenstehende einsehbar fixieren. In Zukunft werden Einrichtungen und Träger auf Standards nicht mehr verzichten können. Familien bekommen dadurch eine Sicherheit über die Qualität von Erziehungs- und Bildungsprozessen, der Träger stellt damit seine pädagogischen Prinzipien der Öffentlichkeit vor und wird für Familien ein attraktiver Kooperationspartner für die Erziehung und Bildung ihrer Kinder

Gliederungsmodell

Die einzelnen Schritte in jeder Phase sind immer nach dem gleichbleibenden Modell aufgebaut

Ziele

Jeder Schritt beginnt mit der Formulierung von Zielen, die mit diesem Arbeitsschritt verbunden sind. Alle Fachkräfte sollen zu jeder Zeit wissen, warum sie etwas tun und welche Ziele damit verbunden sind.

Ressourcen

Für einen störungsfreien Ablauf eines jeden Schrittes ist es wichtig zu wissen, welche Personen an diesem Schritt beteiligt sind und wieviel Zeit dafür notwendig ist. In einigen Fällen ist es nötig, finanzielle Ressourcen einzuplanen.

Vorbereitung und Methodik

Wenn für die Durchführung Ergebnisse aus vorhergehenden Schritten benötigt werden, wird dies ausgewiesen. Die Vorbereitung einzelner Schritte erfolgt entweder durch die Moderatorin oder einer vorher bestimmten Person.

Für jeden Schritt wird ein methodischer Zugang für den Teamprozess präsentiert. Teams sollten zunächst dieser Beschreibung folgen, um für die Prozesse Sicherheit zu gewinnen.

Durchführung

In der Durchführung werden einzelne Teilschritte beschrieben, die zur Zielerreichung notwendig sind. Die Durchführungsanweisungen sind so gewählt, dass sie mit wenig Aufwand möglichst effizient und effektiv sind. Die Beschreibungen sollen Teams unterstützen, einen für sie angemessenen und gangbaren Weg zu finden.

3.2.3 Dokumentation des Prozesses

Innerhalb dieses Leitfadens werden zwei Arten der Dokumentation unterschieden: Die Dokumentation des Entwicklungsprozesses (Prozessdokumentation) und die Dokumentation von pädagogischen Zielen (Zielformulierungen).

Prozessdokumentation

Jedes Ergebnis und jede wichtige Information in einem Arbeitsschritt, seien es nun Absprachen, Termine, oder auch Ziele, werden im laufenden Prozess dokumentiert. In das Protokoll gehören

- Verlauf
- Absprachen
- Präsentationen von Kolleginnen
- Terminierungen
- Weitere Aufgaben
- Ziele
- Verantwortliche Personen für bestimmte Prozesse.

Das Protokoll schafft Verbindlichkeit und Transparenz für alle Beteiligten und hilft, komplexe Prozesse zu rekonstruieren und gegebenenfalls für die Reflexion zu unterstützen. Darüber hinaus schafft die Dokumentation gegenüber dem Träger und den Eltern Transparenz, da Arbeitsschritte und Entscheidungen kommuniziert werden.

Zielformulierungen

Für den Entwicklungsprozess ist es hilfreich, im Team gemeinsame Zielvereinbarungen zu entwickeln. Hinsichtlich der Ergebnis- und Zielorientierung sind solche Vereinbarungen sehr unterstützend. Allgemeine Ziele sind jedem Arbeitsschritt vorweg gestellt. Aber auch individuelle und einrichtungsspezifische Ziele werden sich im laufenden Prozess ergeben. Der Einsatz von Zielvereinbarungen unterstützt die Überprüfung der Etappen des Prozesses.

Ein hilfreiches Instrument ist die SMART-Formel. Mit ihrer Hilfe können Teams ihren eigenen Arbeitsweg und die Erreichung von Teilziel (Etappen) effektiv und gesichert überprüfen.

SMART steht für:

S — spezifisch

Ist in dem Ziel genügend Detailinformation gegeben, damit für andere nachvollziehbar ist, was genau Gegenstand des Zieles ist?

M — messbar

Ist das Ziel überprüfbar? Ist feststellbar, ob das Ziel erreicht worden ist bzw. kann man prognostizieren, ob es erreichbar ist?

A — akzeptabel

Wird das Ziel von den Fachkräften gemeinsam als sinnvolles und fachlich bedeutsames Ziel identifiziert? Können sich die Fachkräfte mit den Inhalten des Ziels identifizieren?

R — realistisch

Ist das Ziel mit den zur Verfügung stehenden Ressourcen (Finanzen, Personal, Zeit, Arbeitsbelastung) ein erreichbares Ziel? Oder ist es eher ein Wunschziel, dass zur Zeit nicht umsetzbar und erreichbar ist? Ist das Ziel aus eigener Kraft erreichbar?

T — terminiert

Ist die Erreichung des Ziels zeitlich fixiert? Gibt es ein Datum, bis zu dem das Ziel erreicht sein muss? (Groot-Wilken / Warda 2007)

Mit der Überprüfung dieser fünf Aspekte lässt sich ein Ziel auf seine Realisierungsmöglichkeiten und Angemessenheit überprüfen. Nur wenn alle fünf Aspekte positiv beantwortet werden, ist das Ziel erreichbar. Sollte ein Aspekt nicht positiv beantworten zu sein, muss das Ziel nachgebessert werden.

3.3 Die methodischen Schritte zur praktischen Umsetzung der Portfolioarbeit

Im Folgenden wird das methodische Modell für die Arbeit mit dem Portfolio vorgestellt. Es bietet den Teams einen systematischen Weg zur fachlichen Portfolioarbeit. In 17 aufeinander aufbauenden Schritten werden sie sicher zum Ziel geführt.

3.3.1 Orientierungsphase

Das Projekt „Arbeit mit Portfolios" sollte den pädagogischen Fachkräften der Einrichtung vor Beginn der praktischen Arbeit ebenso bekannt sein wie den Vertretern des Trägers. Dabei sollten die notwendigen Ressourcen, der Arbeitsaufwand und die mit dem Projekt verbundenen Ziele mitgeteilt werden. Erst danach sollte die Moderatorin gemeinsam mit dem Team und dem Trägervertreter einen realistischen Zeitplan vereinbaren.

1. Schritt: Auseinandersetzung mit dem Portfoliogedanken

Ziele

Die pädagogischen Fachkräfte kennen

- Das Konzept und die Ziele des Portfolios
- Den Zusammenhang von Beobachtung, Dokumentation und pädagogischer Planung in der kindorientierten Pädagogik
- Die vier Arten des Portfolios
- Die Elemente des Portfolios.

Ressourcen

Am ersten Schritt nehmen alle pädagogischen Fachkräfte teil. Es empfiehlt sich, einen Trägervertreter zur ersten Teamsitzung einzuladen.

Für diesen Arbeitsschritt müssen für zwei Teamsitzungen jeweils zwei Stunden eingeplant werden, zusätzlich ca. eine halbe Stunde pro Fachkraft zur Vorbereitung des Impulses.

Vorbereitung und Methodik

Der erste Schritt wird in zwei Teamsitzungen bearbeitet.

In einer vorhergehenden Teamsitzung wird vom Team oder der Einrichtungsleitung eine Moderatorin festgelegt. Darüber hinaus wird eine Protokollantin gewählt und das Protokollationsverfahren festgelegt.

Die Moderatorin bereit sich auf die erste Teamsitzung vor, indem sie sich das Konzept des Portfolios sowie die Bedeutung der Basiskompetenzen aneignet.

Für die zweite Teamsitzung bereiten einzelne Fachkräfte Impulsvorträge zu den Arten und den Elementen des Portfolios vor.

Das Protokoll der ersten Teamsitzung wird allen umgehend nach der Sitzung in Kopie bereitgestellt.

Durchführung

Erste Phase — erste Teamsitzung — zwei Stunden

Die Moderatorin stellt die Ziele für den ersten Arbeitsschritt auf einem Flipchart vor und fragt die Kolleginnen, ob diese Liste aus ihrer Sicht noch ergänzt werden soll. Das Team beschließt nun gemeinsam, dass die genannten und eventuell diskutierten Ziele den Arbeitsauftrag für den ersten Schritt bilden. Die Auflistung der Ziele dient am Ende des ersten Schrittes dazu, die Zielerreichung zu überprüfen, die einen Schritt jeweils abschließt.

Die Moderatorin stellt nun einzelne Arbeitsaufträge vor:

- Referat und anschließende Diskussion über das Portfoliokonzept (mit Hilfe des Theorieteils des vorliegenden Buches); erste Teamsitzung

- Referat und anschließende Diskussion über das dynamische Modell der kindorientierten Pädagogik und die Basiskompetenzen

- Beobachtung, Dokumentation und pädagogische Planung (mit Hilfe des Theorieteils des vorliegenden Buches); erste Teamsitzung

- Impulsreferate durch Fachkräfte über die vier Portfolioarten mit anschließender Diskussion (mit Hilfe des Theorieteils des vorliegenden Buches); zweite Teamsitzung

- Impulsreferate durch Fachkräfte über die Elemente des Portfolios mit anschließender Diskussion (mit Hilfe des Theorieteils des vorliegenden Buches); zweite Teamsitzung

- Abschließende Diskussion nach jeder Teamsitzung über die bearbeiteten Inhalte.

Die Moderatorin stellt nun die Grundideen der Portfolioarbeit vor und setzt zur Veranschaulichung auch Mitschriften und Grafiken an einer Moderationswand oder einem Flipchart ein. Sie gibt allerdings nur einen Überblick in das Gesamtkonzept und geht nicht auf die Arten und Elemente des Portfolios ein, sondern verweist auf die zweite Teamsitzung. Während der Vorstellung lässt die Moderatorin keine Zwischenfragen zu, die Fachkräfte schreiben sich die Fragen für die anschließende Diskussion auf.

Nach der Vorstellung des Portfoliokonzeptes diskutiert das Team die Grundideen, dabei werden offene Fragen geklärt und eine erste Positionierung der Fachkräfte zum Konzept besprochen. Dieser Teil der Teamsitzung sollte nicht länger als eine Stunde dauern.

Im zweiten Teil der ersten Teamsitzung stellt die Moderatorin den dynamischen Kreislauf der kindorientierten Pädagogik mit Hilfe des gleichnamigen Schaubildes vor. Dabei geht sie insbesondere auf die Schnittstelle zur Dokumentation mit dem Portfolio ein. Danach können Fragen gestellt werden

Im Anschluss an die Vorstellung findet wieder eine Teamdiskussion zum zweiten Teil statt.

In einer abschließenden Diskussionsrunde werden folgende Fragen diskutiert:

- Was gefällt mir am Portfoliokonzept gut und was weniger gut?

- Kann ich mir vorstellen, nach diesem Konzept meine Entwicklungs- und Bildungsdokumentation anzufertigen?

- Wie passt das Modell der kindorientierten Pädagogik in mein pädagogisches Konzept?

- Was finde ich am Konzept der kindorientierten Pädagogik interessant?

- An welchen Stellen meiner pädagogischen Arbeit erkenne ich Elemente des Konzeptes der kindorientierten Pädagogik und des Portfoliokonzeptes wieder?

Die erste Teamsitzung wird durch die Vergabe der Impulsreferate abgeschlossen. Folgende Themen sind zu vergeben:

- Das Entwicklungsportfolio

- Das Kompetenzportfolio

- Das Familienportfolio

- Das Vorstellungsportfolio

- Das Portfolioelement „schriftliche Aufzeichnungen"

- Das Portfolioelement „audiovisuelle Medien"

- Das Portfolioelement „Tonträger"

- Das Portfolioelement „Arbeitsproben der Kinder"

- Die Moderatorin händigt der jeweiligen Kollegin die entsprechenden kopierten Seiten des vorliegenden Buches zur Vorbereitung mit aus.

Die erste Teamsitzung endet mit der Überprüfung der zu Beginn der Sitzung festgelegten Ziele. Sollten sie nicht erreicht worden sein, klärt das Team die Ursachen hierfür und wie die Verwirklichung der Ziele in der nächsten Teamsitzung sichergestellt werden kann.

Zweite Phase – zweite Teamsitzung – zwei Stunden

Wie in der ersten Teamsitzung stellt die Moderatorin mit dem Team zunächst die Ziele auf. Darüber hinaus erörtert sie noch einmal kurz die Arbeitsaufträge für die zweite Teamsitzung.

Bevor die erste Kollegin mit ihrem Impulsreferat beginnt erläutert die Moderatorin kurz den Ablauf. Ein Impulsreferat dauert je nach Thema zwischen fünf und zehn Minuten. Im Anschluss an jedes Impulsreferat können die Kolleginnen Verständnisfragen stellen. Zwischen den Referaten findet keine inhaltliche Diskussion statt. Nachdem alle acht Impulsreferate gehalten worden sind, verbleiben noch ca. 40 Minuten für eine Diskussion im Team.

Wenn es noch Verständnisfragen gibt, sollten diese direkt vor Beginn der Diskussion geklärt werden. Dann beginnt das Team eine Diskussion mit folgenden Fragestellungen:

- Kann ich mir vorstellen, ein Entwicklungs-, ein Kompetenz-, ein Familien- und ein Vorstellungsportfolio in meiner alltäglichen Arbeit einzusetzen? (Bitte diskutieren Sie alle vier Arten unabhängig voneinander)

- An welchen Stellen sehe ich Umsetzungs- oder Durchführungsprobleme?

- Welchen Unterstützungsbedarf habe ich?

- Mit welchen Elementen, die in einem Portfolio vorkommen, arbeite ich bereits?

- Gibt es Elemente, deren Einsatz ich mir nicht vorstellen kann?

- Welche Elemente sind für die Arbeit in meiner Gruppe interessant?

- Welchen Gesamteindruck vom Portfolio habe ich nach der zweiten Teamsitzung?

Die Moderatorin hält die wesentlichen Aussagen zu den einzelnen Fragen auf dem Flipchart fest. Die Ergebnisse werden in das Protokoll aufgenommen.

Für die nächste Teamsitzung bereitet jeweils eine pädagogische Fachkraft pro Gruppe eine kurze Vorstellung über die in ihrer Gruppe stattfindende Entwicklungs- und Bildungsdokumentation vor. Dabei werden folgende Aspekte berücksichtigt:

- Wie dokumentieren wir?

- Welche Dokumentationsmethoden nutzen wir?

- Was dokumentieren wir?

- Wie dokumentieren wir einzelne Kinder?

- Was machen wir mit der Dokumentation?

Zum Abschluss dieser zweiten Teamsitzung werden die Zielsetzungen überprüft, bei Nichterreichung verfahren die Teams analog zur ersten Teamsitzung.

2. Schritt: Ist-Analyse der Entwicklungs- und Bildungsdokumentation

Ziele

- Den pädagogischen Fachkräften sind die unterschiedlichen Entwicklungs- und Bildungsdokumentationen der Einrichtung bekannt.

- Die pädagogischen Fachkräfte erkennen bereits dokumentierte Inhalte von Entwicklungs- und Bildungsdokumentationen in der Einrichtung.

- Die pädagogischen Fachkräfte erkennen noch fehlende Inhalte von Entwicklungs- und Bildungsdokumentationen in der Einrichtung.

- Die pädagogischen Fachkräfte kennen die Einsatzmöglichkeiten des Portfolios für die pädagogische Arbeit.

Ressourcen

Am zweiten Schritt nehmen alle pädagogischen Fachkräfte teil. Je nach Einrichtungsgröße müssen zwischen zwei und drei Stunden für die Teamsitzung eingeplant werden sowie ca. eine halbe Stunde Vorbereitungszeit für die vortragende Fachkraft.

Vorbereitung und Methodik

Der zweite Schritt wird in einer Teamsitzung bearbeitet.

Die Protokolle der ersten beiden Teamsitzungen sind an alle pädagogischen Fachkräfte verteilt worden und von ihnen zur Vorbereitung gelesen worden.

Die Fachkräfte der Gruppen bereiten die Präsentation ihrer Entwicklungs- und Bildungsdokumentation vor. Aufbereitungen am Flipchart oder mitgebrachte Vorlagen erleichtern das Verstehen für die Kolleginnen.

Die Moderatorin bereitet Flipchartblätter vor: eines für Gemeinsamkeiten, eines für Unter-

schiedlichkeiten, eines für bereits gut entwickelte Dokumentationen und eines für noch zu entwickelnde Dokumentationen.

Durchführung

Die Moderatorin beginnt mit der Vorstellung der Ziele nach dem bekannten Verfahren.

Im Anschluss stellt sie die Arbeitsaufträge für diese Teamsitzung vor:

- Vorstellung der Entwicklungs- und Bildungsdokumentation für jede Gruppe

- Diskussion über schon vorhandene Elemente der Dokumentation und noch zu entwickelnde Elemente

- Diskussion über die Integration bereits vorhandener Dokumentationsmethoden in das zukünftige Portfolio.

Die erste Gruppe stellt nun ihre Entwicklungs- und Bildungsdokumentation vor. Nach Klärung von Verständnisfragen beginnt die nächste Gruppe mit ihren Dokumentationen. Insgesamt sollte der Prozess nicht mehr als die Hälfte der veranschlagten Zeit einnehmen.

Nach der Präsentation aller Gruppen leitet die Moderatorin die Diskussion über die Vorstellungen der Kolleginnen mit Hilfe der vier Flipchartblätter ein und notiert die Ergebnisse jeweils auf das zugehörige Blatt. Die Diskussion sollte dabei zunächst einmal frei und ohne Impulsfragen geführt werden. Sollte sich abzeichnen, dass bestimmte Fragen nicht thematisiert werden, lenkt die Moderatorin die Diskussion in die entsprechende Richtung.

Am Ende der Diskussion fasst die Moderatorin das Ergebnis noch einmal zusammen. Die nun vorliegenden Ergebnisse zum Portfoliokonzept und den Basiskompetenzen sowie die praktizierten Dokumentationsmethoden und -inhalte sind nun Ausgangspunkt für den nächsten Arbeitsschritt.

Am Ende der Sitzung findet die Zielüberprüfung nach bekanntem Muster statt.

3. Schritt: Auswahl von Schwerpunkten mit konzeptionellen und bildungspolitischen Bezügen

Ziele

- Die Fachkräfte stellen die Bezüge zwischen dem Einrichtungskonzept und der Arbeit mit dem Portfolio her.

- Die Fachkräfte bringen die Aufgaben aus der Bildungsvereinbarung mit der Arbeit des Portfolios in Verbindung.

- Die Fachkräfte legen Schwerpunkte für das Portfoliokonzept fest.

Ressourcen

Am dritten Schritt nehmen alle pädagogischen Fachkräfte teil.

Für die Teamsitzung müssen drei Stunden eingeplant werden.

Vorbereitung und Methodik

Der dritte Schritt wird in einer Teamsitzung bearbeitet.

Die Fachkräfte kennen das Einrichtungskonzept und die für das Bundesland jeweils gültige Bildungsvereinbarung. Insbesondere kennen sie die Anforderungen an die Dokumentation.

Durchführung

Die Moderatorin beginnt mit der Vorstellung der Ziele nach dem bekannten Verfahren.

Die Moderatorin stellt die vier Arbeitsaufträge vor:

- Diskutieren Sie die Gemeinsamkeiten und die Differenzen des Portfolios mit dem pädagogischen Konzept Ihrer Einrichtung.

- Erarbeiten Sie den Dokumentationsauftrag aus der Bildungsvereinbarung und bestimmen Sie die Teile des Portfolios, die diesen Dokumentationsauftrag erfüllen.

- Stellen Sie die Gemeinsamkeiten zwischen dem pädagogischen Konzept und der Bildungsvereinbarung zum Thema Dokumentation heraus.

- Erarbeiten Sie eine Skizze für die Entwicklungsphase des Portfolios für Ihre Einrichtung.

Die Moderatorin leitet die Diskussion über die Gemeinsamkeiten und die Differenzen zwischen dem Portfolio und dem pädagogischen Einrichtungskonzept anhand der folgenden Leitfragen:

- Welche Anforderungen an die Dokumentation finden sich im pädagogischen Konzept der Einrichtung?

- Welche Anforderungen des Portfolios werden durch das pädagogische Konzept erfüllt?

- Welche Anforderungen des Portfolios werden nicht erfüllt?

Die Dokumentationsaufträge der Bildungsvereinbarung werden erarbeitet. Zunächst arbeiten die Fachkräfte die Dokumentationsaufgaben aus der Bildungsvereinbarung heraus und schreiben diese auf den Flipchart.

Im weiteren Verfahren bildet das Team drei Kleingruppen, die jeweils eine der folgenden Fragen bearbeiten: Welche Anforderungen der Bildungsvereinbarung können durch das Entwicklungsportfolio erfüllt werden? Welche Anforderungen der Bildungsvereinbarung können durch das Kompetenzportfolio erfüllt werden? Welche Anforderungen der Bildungsvereinbarung können durch das Familienportfolio erfüllt werden?

Die Kleingruppen stellen ihre Ergebnisse dem Team vor und dokumentieren diese.

Danach eröffnet die Moderatorin die Diskussion über die Gemeinsamkeiten der Dokumentationsanforderungen der Bildungsvereinbarung und dem pädagogischen Einrichtungskonzept und führt sie an folgenden Leitfragen:

- Welche Anforderungen an die Dokumentation der Bildungsvereinbarung und das pädagogische Einrichtungskonzept sind gleich oder ähnlich?

- An welchen Stellen gibt es Unterschiede und wie gehen Sie mit diesen Unterschieden um?

Als letzten Auftrag entwickelt das Team eine Skizze für die Einführung der Portfolioarbeit. Dabei gehen Sie nach folgendem Modell vor:

- Für das Entwicklungsportfolio wählen Sie die Elemente des Portfolios aus, mit denen die Fachkräfte den Anforderungen der Bildungsvereinbarung und ihrem Konzept nachkommen können. Natürlich können auch weitere Elemente aufgenommen werden. Bestimmen Sie dann, welche Einsatzmöglichkeiten mit den ausgewählten Elementen abgedeckt werden. Berücksichtigen Sie dabei die Grundlagen des Portfoliokonzeptes des vorliegenden Buches und weiterer Literatur und die in Kapitel drei vorgestellten Materialien. Die Auswahl halten Sie auf dem Flipchartblatt fest. Danach wiederholen Sie den Prozess für das Kompetenzportfolio.

- Im Anschluss daran entwickeln Sie eine Idee für ein Familienportfolio und überlegen, wie Sie den Familien die Arbeit mit dem Familienportfolio nahe bringen können.

- Nutzen Sie für die Entwicklung der Portfolio-Skizze die von Ihnen erarbeiteten Themen dieser Teamsitzung.

Danach bestimmen die Teams ein oder zwei Kolleginnen, die die Skizze in eine ordentliche Form bringen und diese den Kollegen möglichst bald zur Verfügung stellen.

Am Ende der Sitzung findet die Zielüberprüfung nach bekanntem Muster statt.

4. Schritt: Vorstellung des Portfolios für die Familien

Ziele

- Die Familien lernen das Projekt „Die Arbeit mit dem Portfolio" kennen.

- Die Familien erfahren überblicksartig etwas über Ihre zukünftigen Aufgaben in der Portfolioarbeit.

Ressourcen

Für den vierten Schritt ist es ausreichend, wenn eine Delegation der Fachkräfte teilnimmt. Es müssen aber alle Gruppen vertreten sein sowie die Einrichtungsleitung und die Moderatorin. Wünschenswert wäre ebenfalls die Teilnahme eines Trägervertreters.

Für den Informationsabend für Familien müssen zwei Stunden eingeplant werden. Darüber hinaus müssen ca. eine bis eineinhalb Stunden für die Vorbereitung der Veranstaltung pro Einrichtung eingeplant werden.

Vorbereitung und Methodik

Beim vierten Schritt handelt es sich um ein Familieninformationsangebot. Diese Informationsveranstaltung kann in den Gruppen stattfinden, aber auch für die gesamte Einrichtung.

Die Informationsveranstaltung muss von den Fachkräften geplant werden. In welcher Form sie stattfindet, bleibt den Teams überlassen. Es kann sowohl ein Nachmittag, ein Gruppenelternabend als auch ein Einrichtungselternabend sein. Die Einrichtung muss jedoch auf die Bedürfnisse der Familien Rücksicht nehmen.

Die Inhalte dieser Informationsveranstaltung ergeben sich aus der bisherigen Beschäftigung mit der eigenen Dokumentation und dem Portfolio.

Die Familien müssen eingeführt werden in

- Die Grundidee des Portfolios

- Die Ziele des Portfolios

- Den Nutzen der Portfolios

- Die Portfolioarten und

- Die Medienvielfalt.

Darüber hinaus erfahren die Familien,

- Über welchen Zeitrahmen sich das Projekt erstreckt

- Welche Aufgabe die Fachkräfte haben

- Was die Aufgaben der Kinder sind

- Welche Aufgaben sie haben werden.

Durchführung

Die Fachkräfte teilen den Familien rechtzeitig den Termin für die Informationsveranstaltung und das Thema mit. Sie sprechen die Familien persönlich an und vermitteln ihnen die Wichtigkeit Bedeutung des Themas für das eigene Kind.

Die Fachkräfte sollten sich von den Familien einen Teilnahmecoupon zurückgeben lassen, um absehen zu können, wie viele teilnehmen werden. Gegebenfalls sollten sie den Termin verschieben und sich nochmals mit den Familien verständigen.

Der Raum sollte freundlich hergerichtet sein und die Bedeutung der Veranstaltung angemessen repräsentieren. Wenn die Möglichkeit besteht, kalte Getränke und Gebäck anzubieten, wäre das wünschenswert.

Die Moderatorin führt mit ein oder zwei ausgewählten Kolleginnen durch die Veranstaltung.

Die Familien werden begrüßt und die Tagesordnung wird vorgestellt, auf der sich die oben benannten Themen wieder finden.

Die Inhalte werden den Familien in einem anschaulichen Vortrag erläutert. Dabei greifen die Referentinnen auch auf Visualisierungen am Flipchart oder möglicherweise auch auf digitale Medien zurück. Eine Teammoderation — zwei Fachkräfte stellen gemeinsam ein Thema vor — ist ebenfalls eine sehr gute Möglichkeit, die Informationsveranstaltung zu gestalten.

Zwischen den einzelnen Themenblöcken bleibt genügend Zeit für die Familien, Verständnisfragen zu stellen. Die Moderatorin achtet darauf, dass keine Diskussion entsteht. Diese wird erst zum Abschluss geführt.

Nach der Vorstellung aller Inhalte moderiert die Moderatorin den abschließenden Austausch.

Nach dem Austausch kündigt die Moderatorin an, dass es in ca. einem Jahr einen weiteren Termin geben wird, der die Familien in die Arbeit mit Familienportfolio einführt.

3.3.2 Entwicklungsphase

In der zweiten Phase des Entwicklungsprozesses wird die erarbeitete Skizze zum Portfolio in die Praxis eingeführt und erprobt. In diesem Teil wechseln sich konzeptionelle Sitzungen, Praxiserprobung und Reflexion ab. Er ist somit als fortlaufender dynamischer Prozess der Qualitätsentwicklung und -sicherung konzipiert. Am Ende der Phase steht ein in der Praxis in dieser Einrichtung erprobtes Konzept für die Arbeit mit dem Portfolio.

5. Schritt: Erarbeitung des Entwicklungsportfolios

Ziele

- Es gibt ein Modell für das Entwicklungsportfolio.

- Es gibt ausgewählte Elemente, die für alle verpflichtend sind.

- Es gibt Elemente, die einen explorativen Charakter haben und zusätzlich in das Entwicklungsportfolio aufgenommen werden können.

- Es gibt Rahmenbedingungen zur Dokumentation, wie Regelmäßigkeit, Umfang, Dokumentationszeiten.

- Es gibt feste Termine für die Auswertungen der Portfolios und einen angemessenen Ablauf.

Ressourcen

Am fünften Schritt nehmen alle pädagogischen Fachkräfte teil.

Es müssen vier Stunden für zwei Teamsitzungen je zwei Stunden eingeplant werden. Zusätzlich benötigen zwei Fachkräfte oder die Moderatorin ca. zwei Stunden, um das Ergebnis skizzenhaft in einem vorläufigen Konzept festzuhalten.

Es müssen Mappen oder Kladden für das Entwicklungsportfolio für jedes Kind angeschafft werden.

Vorbereitung und Methodik

Allen pädagogischen Fachkräften liegen die Ergebnisse der vorangegangenen Teamsitzungen und der Informationsveranstaltung vor.

Es muss jemand bestimmt werden, der die Entscheidungen des Teams genau protokolliert, da das Protokoll Grundlage für den Konzeptentwurf des Entwicklungsportfolios ist.

Für die zweite Teamsitzung bereitet die Moderatorin eine stundenplanartige Tabelle vor, in der die Erprobung und Reflexion zeitlich fixiert werden. Insgesamt gibt es drei Spalten. In der ersten Spalte trägt die Moderatorin den Termin und die Dauer der Aktivität ein, in der zweiten Spalte das Element, das erprobt werden soll, und in der dritten Spalte die Zeitpunkte für Reflexionen. Die Moderatorin sollte darauf achten, dass genügend Zeit für die Erprobung vorgesehen ist. Zur Orientierung: Für die Erprobung und Einführung der schriftlichen Aufzeichnungen braucht eine Fachkraft für alle Kinder einer Gruppe von insgesamt 25 Kindern ca. sechs Wochen.

Durchführung

Erste Phase — erste Teamsitzung — zwei Stunden

Die Moderatorin beginnt mit der Vorstellung der Ziele nach dem bekannten Verfahren.

Die Moderatorin stellt die Arbeitsaufträge vor:

- Legen Sie die Elemente für das Entwicklungsportfolio fest, die für alle Gruppen verpflichtend sind. Achten Sie dabei auf mediale Vielfalt und darauf, dass alle Einsatzmöglichkeiten und Ziele damit abgedeckt werden.

- Diskutieren Sie über Elemente im Entwicklungsportfolio, die zunächst lediglich erprobt werden sollen und über die eine Entscheidung zu einem späteren Zeitpunkt getroffen wird. Legen Sie dabei die Gruppen fest, die dieses Element bzw. diese Elemente ausprobieren wollen.

- Legen Sie Rahmenbedingungen für die Arbeit mit dem Portfolio fest. Wie oft wird dokumentiert? Wann wird dokumentiert? Wann finden Auswertungsbesprechungen statt? Wie werden die Ergebnisse der Analyse für die pädagogische Planung genutzt? Wie ausführlich soll dokumentiert werden? An welchem Ort werden die Portfolios gelagert? Werden Kladden, Mappen oder Karteikästen angeschafft?

- Stellen Sie einen Zeitplan für die Erprobung und Reflexion des Entwicklungsportfolios vor.

Für die erste Teamsitzung werden die ersten beiden Arbeitsaufträge bearbeitet.

Die Moderatorin leitet die Diskussion und trägt die Beiträge an einem Flipchart zusammen. Die Teams besprechen die einzelnen Elemente und wägen Aufwand und Nutzen für die eigene Arbeit ab. Zum Ende der Diskussion legen sie fest, welche Elemente und Materialien aus dem vorliegenden Buch in das Portfolio aufgenommen werden sollen und wählen dann die Elemente aus, die für alle Fachkräfte in der Einrichtung verbindlich durchgeführt werden müssen. Die Moderatorin hat die Aufgabe darauf zu achten, dass die Auswahl eine mediale Vielfalt aufweist und alle Einsatzmöglichkeiten abgedeckt sind. Beim Einsatz von digitalen oder analogen Medien muss sichergestellt werden, dass die technischen Voraussetzungen in der Einrichtung oder privat vorhanden sind oder noch geschaffen werden.

Nach Abschluss des ersten Arbeitsauftrages werden im Team Elemente diskutiert, die in der Einrichtung von einzelnen Fachkräften erprobt werden sollen. Bei der Erprobung soll festgestellt werden, ob ein Element für die Einrichtung umsetzbar und sinnvoll ist. Die verantwortliche Fachkraft wird in der Reflexion dazu ein kurzes Statement abgeben. Die ausgewählten Elemente werden schriftlich fixiert und die Namen der Fachkräfte aufgenommen, die es erproben.

Am Ende dieser Teamsitzung wird die Zielerreichung nach bekanntem Modell überprüft.

Zweite Phase — zweite Teamsitzung — zwei Stunden

Die Moderatorin beginnt mit der Vorstellung der Ziele nach dem bekannten Verfahren.

Die Moderatorin stellt noch einmal die Arbeitsaufträge für die zweite Teamsitzung vor.

- Legen Sie Rahmenbedingungen für die Arbeit mit dem Portfolio fest. Wie oft wird dokumentiert? Wann wird dokumentiert? Wann finden Auswertungsbesprechungen statt? Wie werden die Ergebnisse der Analyse für die pädagogische Planung genutzt? Wie ausführlich soll dokumentiert werden? An welchem Ort werden die Portfolios gelagert? Werden Kladden, Mappen oder Karteikästen angeschafft?

- Stellen Sie einen Zeitplan für die Erprobung und Reflexion des Entwicklungsportfolios vor.

Nun arbeitet das Team die folgenden Aspekte durch:

- Wie oft dokumentieren wir pro Kind?

- Wann haben wir Zeit zu dokumentieren?

- Wie ausführlich dokumentieren wir die einzelnen Aspekte?

- Wann und wie oft führen wir Fallbesprechungen durch?

- Wie können wir die Dokumentationen für Fallbesprechungen und die pädagogische Planung nutzen?

- Wie sollen unsere Portfolios aufbewahrt werden?

- Wo werden die Portfolios gelagert bzw. für die Kinder zugänglich aufbewahrt?

- Wer beschafft die notwendigen Materialien für das Portfolio?

Nachdem alle Fragen bearbeitet worden sind und dokumentiert wurden, wenden sich die Fachkräfte dem nächsten und letzten Arbeitsauftrag zu.

Die Moderatorin stellt dem Team das Modell der Erprobung vor. Dieses Modell sieht vor, dass jedes Element einzeln erprobt und eingeführt wird. Daran schließt sich eine Reflexion. Ist die Erprobung gut verlaufen, kann das Element nach der Reflexion in das Handlungsrepertoire der pädagogischen Fachkraft überführt werden. Gab es Unstimmigkeiten oder Probleme, diskutiert das Team darüber und sucht nach Lö-

sungen. In einzelnen Fällen muss der Einsatz des Elementes noch einmal überdacht werden. So werden nach und nach alle Elemente erprobt, reflektiert und implementiert – erst für das Entwicklungsportfolio dann für das Kompetenzportfolio.

Die Moderatorin nutzt die vorbereitete Tabelle und gemeinsam werden die Termine und Zeitspannen besprochen.

Zuletzt wird die Zielerreichung überprüft.

6. Schritt: Erprobung des Entwicklungsportfolios

Ziele

- Die pädagogischen Fachkräfte haben einzelne Elemente des Entwicklungsportfolios erprobt.

- Probleme in der Durchführung sind bekannt.

- Umsteuerungsnotwendigkeiten sind erkannt worden.

- Funktionierende Elemente sind erkannt worden.

- Einzelne Elemente sind erprobt und in den Alltag integriert.

Ressourcen

Allen Fachkräften ist das vorläufige Konzept bekannt. Die einzelnen Elemente werden in den Gruppen durch einzelne Fachkräfte erprobt. Je nach Element kann dies zwischen zwei und sechs Wochen dauern.

Die Fachkräfte nehmen sich für die Einführung ausreichend Zeit, um alle Varianten zu erproben.

Die Mappen und Kladden müssen vorhanden sein und die ausgewählten Materialien des vorliegenden Buches in ausreichend kopierter Anzahl zur Verfügung stehen.

Vorbereitung und Methodik

Die Elemente, die ins vorläufige Konzept zur Arbeit mit dem Portfolio aufgenommen worden sind, werden durch die Fachkräfte in den Gruppen erprobt.

Durchführung

Die Erprobung des Entwicklungsportfolios findet in den Gruppen statt.

Alle benötigten Materialien sind vorhanden und der Ort, an dem das Entwicklungsportfolio aufbewahrt wird, ist vorbereitet.

Die pädagogischen Fachkräfte beginnen mit dem ersten im Team festgelegten Element des Entwicklungsportfolios. Dabei gehen sie immer nach dem gleichen Muster vor.

- Zunächst legen sie ein Kind fest, für das das erste Element in der ersten Woche erprobt wird. Dieses Kind wird nun jeden Tag mehrmals kontinuierlich und systematisch beobachtet.

- Jeden Tag werden die Beobachtungen mit Hilfe des ersten Elementes dokumentiert.

- In der **ersten Woche** beziehen sich die täglichen Beobachtungen und Dokumentationen ausschließlich auf dieses Kind.

- Am Ende der ersten Woche tauschen sich die Fachkräfte einer Gruppe in einem kurzen Gespräch über ihre ersten Erfahrungen aus. Sollte es in der Gruppe nur eine Fachkraft geben, tauscht sich diese mit einer anderen Kollegin aus oder schließt sich den Kolleginnen einer anderen Gruppe an.

- In der **zweiten Woche** kommen am Montag das zweite Kind und am Mittwoch das dritte Kind hinzu. Die Fachkräfte müssen nun sehen, dass sie die neuen Kinder in die Beobachtungsrhythmen einplanen. Es ist klar, dass sich die Beobachtungszeit nicht ins Unermessliche steigern lässt. Vielmehr sind die Fachkräfte gefragt, den Möglichkeiten und dem Bedarf der Gruppe entsprechend Zeiten einzusetzen. Ähnliches gilt für die Zeit zur Dokumentation. Auch hier bedarf es einer genauen Planung von Ressourcen innerhalb der Gruppe. Beobachtung und Dokumentation kosten Zeit und sind nicht zusätzliche Arbeiten, sondern gehören zu den notwendigen und zentralen Erziehungs- und Bildungsprozessen.

- Auch am Ende der zweiten Woche gibt es einen informellen Austausch zwischen Fachkräften.

- In der **dritten Woche** werden das vierte bis achte Kind in den Beobachtungs- und Dokumentationszyklus aufgenommen. Die Fachkräfte müssen ein zuverlässiges Zeitmanagement entwickeln, um ihren Beobachtungs- und Dokumentationsaufgaben nachkommen zu können.

- In der **vierten Woche** werden dann das neunte bis fünfzehnte Kind in die Portfolioarbeit aufgenommen.

- In der **fünften Woche** kommen das sechzehnte bis fünfundzwanzigste Kind hinzu.

- Sollte es mehr als 25 Kinder in der Gruppe geben, würde sich eine **sechste Woche** anschließen. Sind es deutlich weniger, reichen möglicherweise auch vier Wochen aus.

7. Schritt: Reflexionsgespräch über die Erprobung und Implementation des ersten Elements

Ziele

- Die pädagogischen Fachkräfte kennen die Situation in allen Gruppen.

- Die aufgetretenen Probleme sind allen bekannt.

- Die Fachkräfte unterstützen sich bei der Umsetzung.

- Das Team beschließt ein verbindliches Verfahren im Umgang mit dem ersten Element.

- Das Element des Entwicklungsportfolios im Portfoliokonzept ist erarbeitet.

Ressourcen

Am siebten Schritt nehmen alle pädagogischen Fachkräfte teil.

Es müssen je nach Einrichtungsgröße zwischen zwei und drei Stunden für eine Teamsitzung eingeplant werden.

Vorbereitung und Methodik

Die pädagogischen Fachkräfte bringen ihre Portfolioaufzeichnungen mit. Das vorläufige Portfoliokonzept sowie der Zeitplan liegen allen vor.

Durchführung

Möglichst bald nach der Erprobung findet eine Teamsitzung statt, in der sich die Fachkräfte über ihre Erfahrungen austauschen und mögliche Probleme identifizieren.

Die Moderatorin stellt die Ziele vor.

Themen bzw. Fragen dieser Teamsitzung sind:

- Welche Erfahrungen habe ich im Umgang mit dem neuen Element gemacht?

- Was funktioniert besonders gut?

- Sind die eingerichteten Zeitspannen ausreichend, um den Beobachtungs- und Dokumentationsaufgaben nachzukommen?

- An welche Stellen zeichnen sich Probleme ab? Wie sind diese zu beheben?

- Gibt es bereits Auswirkungen auf den pädagogischen Alltag oder die pädagogische Planung?

Das Team arbeitet die Fragen in der gemeinsamen Diskussion ab. Sollte alles problemlos verlaufen sein, ist das erste Element des Entwicklungsportfolios implementiert und gehört von nun an zum Handlungsrepertoire der Fachkräfte.

Falls sich aus der Teamsitzung Umsteuerungsnotwendigkeiten, d.h. Änderungen am vorläufigen Konzept ergeben sollten, müssen diese in die Skizze aufgenommen und das weitere Vorgehen angepasst werden.

In der Reflexionsphase wird dieses Element endgültig für das Konzept formuliert.

Am Ende der Teamsitzung wird die Zielerreichung überprüft.

8. Schritt: Erprobung der anderen vom Team ausgewählten Elemente

Die Erprobung und Implementierung der anderen Elemente des Entwicklungsportfolios werden analog zum sechsten und siebten Schritt durchgeführt.

9. Schritt: Erarbeitung des Entwicklungsportfolios

Ziele

- Es gibt ein Modell für das Kompetenzportfolio.

- Es gibt ausgewählte Elemente, die für alle verpflichtend sind.

- Es gibt Elemente, die einen explorativen Charakter haben und zusätzlich in das Kompetenzportfolio aufgenommen werden können.

- Es gibt ein Modell über die Möglichkeiten der Kinder, ihre Portfoliodokumentationen anzufertigen.

- Es gibt feste Termine für die Auswertungen der Portfolios und einen angemessenen Ablauf.

Ressourcen

Am neunten Schritt nehmen alle pädagogischen Fachkräfte teil.

Für zwei Teamsitzungen müssen jeweils zwei Stunden eingeplant werden. Zusätzlich benötigen zwei Fachkräfte oder die Moderatorin ca. zwei Stunden, um das Ergebnis skizzenhaft in einem vorläufigen Konzept festzuhalten.

Es müssen Ordner und Karton oder Kisten für das Kompetenzportfolio für jedes Kind angeschafft werden.

Vorbereitung und Methodik

Allen pädagogischen Fachkräften liegen die Ergebnisse der vorangegangenen Teamsitzungen und der Informationsveranstaltung vor.

Es muss eine Protokollantin bestimmt werden, die die Entscheidungen des Teams genau protokolliert, da dieses Protokoll als Grundlage für den Konzeptentwurf für das Kompetenzportfolio dient.

Für die zweite Teamsitzung nutzt die Moderatorin die gleiche Tabelle wie im fünften Schritt.

Durchführung

Erste Phase — erste Teamsitzung — zwei Stunden

Die Moderatorin beginnt mit der Vorstellung der Ziele nach dem bekannten Verfahren.

Die Moderatorin stellt die Arbeitsaufträge vor:

- Legen Sie die Elemente für das Kompetenzportfolio fest, die für alle Gruppen verpflichtend sind. Achten Sie dabei darauf, dass den Kindern vielfältige Möglichkeiten zur Dokumentation geboten werden und dass alle Einsatzmöglichkeiten und Ziele damit abgedeckt werden.

- Diskutieren Sie über Elemente im Komptenzportfolio, die zunächst lediglich erprobt werden sollen und legen Sie die hierfür verantwortlichen Gruppen fest.

- Legen Sie Rahmenbedingungen für die Arbeit der Kinder mit dem Portfolio fest. Wie werden die Kinder an die Elemente und Materialien des Portfolios herangeführt? Wann können die Kinder dokumentieren? Welche Materialien stehen den Kindern zur Verfügung? Welche Medien können wie und wann von den Kindern genutzt werden. Wie begleiten Sie die Kinder bei der Portfolioarbeit?

- Stellen Sie einen Zeitplan für die Erprobung und Reflexion des Kompetenzportfolios vor.

Bei der ersten Teamsitzung werden die ersten beiden Arbeitsaufträge bearbeitet.

Die Moderatorin leitet die Diskussion und trägt die Beiträge am Flipchart zusammen. Die Teams diskutieren die einzelnen Elemente, wägen Aufwand und Nutzen für die eigene Arbeit ab und legen dann fest, welche Elemente und Materialien aus diesem Buch in das Portfolio aufgenommen werden sollen. Am Ende ist eine verbindliche Auswahl getroffen. Beim Einsatz von digitalen oder analogen Medien muss sichergestellt werden, dass die technischen Voraussetzungen in der Einrichtung oder privat vorhanden sind oder noch geschaffen werden.

Nach Abschluss des ersten Arbeitsauftrages werden im Team Elemente diskutiert, die in einer Gruppe erprobt werden sollen. Bei der Erprobung soll festgestellt werden, ob ein Element für die Einrichtung umsetzbar und sinnvoll ist. Die verantwortliche Fachkraft wird in der Reflexion dazu ein kurzes Statement abgeben. Die ausgewählten Elemente werden schriftlich fixiert und die Namen der Fachkräfte aufgenommen, die es erproben.

Am Ende dieser Teamsitzung wird die Zielerreichung nach bekanntem Modell überprüft.

Zweite Phase — zweite Teamsitzung — zwei Stunden

Nach dem bekannten Verfahren stellt die Moderatorin die Ziele vor.

Die Moderatorin erläutert noch einmal die Arbeitsaufträge für die zweite Teamsitzung.

- Legen Sie Rahmenbedingungen für die Arbeit mit dem Portfolio durch die Kinder fest. Wie werden die Kinder an die Elemente und Materialien des Portfolios herangeführt? Wann können die Kinder dokumentieren? Welche Materialien stehen ihnen zur Verfügung? Welche Medien können wie und wann von ihnen genutzt werden. Wie begleiten Sie die Kinder bei der Portfolioarbeit?

- Stellen Sie einen Zeitplan für die Erprobung und Reflexion des Kompetenzportfolios vor.

Nun bearbeitet das Team die folgenden Aspekte:

- Wie viel Zeit benötigen die Kinder für die eigene Dokumentation?

- Wann haben die Kinder Zeit zur Dokumentation?

- Wie können wir sicherstellen, dass die Kinder alles dokumentieren können, was ihnen wichtig ist?

- Welche unterschiedlichen Möglichkeiten können die Kinder zur Dokumentation nutzen?

- Wie können wir die Dokumentationen der Kinder für Fallbesprechungen und die pädagogische Planung nutzen?

- Wie sollen die Kompetenzportfolios aufbewahrt werden?

- Wo werden die Portfolios für die Kinder zugänglich aufbewahrt?

- Wer beschafft die notwendigen Materialien für das Portfolio?

Nachdem alle Fragen bearbeitet und dokumentiert worden sind, wenden sich die Fachkräfte dem nächsten und letzten Arbeitsauftrag zu.

Das Modell der Erprobung ist das gleiche wie im fünften Schritt.

Die Moderatorin nutzt die vorbereitete Tabelle und gemeinsam werden die Termine und Zeitspannen besprochen.

Zuletzt wird die Zielerreichung überprüft.

10. Schritt: Erprobung des Kompetenzportfolios

Ziele

- Die pädagogischen Fachkräfte haben einzelne Elemente des Kompetenzportfolios erprobt.

- Probleme in der Durchführung sind bekannt.

- Umsteuerungsnotwendigkeiten sind erkannt worden.

- Funktionierende Elemente sind erkannt worden.

- Einzelne Elemente sind erprobt und in den Alltag integriert.

Ressourcen

Allen Fachkräften ist das vorläufige Konzept bekannt. Die einzelnen Elemente werden nun in den Gruppen durch einzelne Fachkräfte erprobt, was je nach Element zwischen zwei bis sechs Wochen dauern kann.

Die Ordner und Kartons oder Kisten müssen vorhanden sein und die ausgewählten Materialien des vorliegenden Buches in ausreichend kopierter Anzahl zur Verfügung stehen.

Vorbereitung und Methodik

Die Elemente die ins vorläufige Konzept zur Arbeit mit dem Portfolio aufgenommen worden sind, werden in den Gruppen erprobt.

Durchführung

Die pädagogischen Fachkräfte einer Gruppe stellen den Kindern nun das erste Element vor. Dabei achten sie auf Verständlichkeit und die unterschiedlichen Entwicklungsstufen der Kinder. Für alle zu erprobenden Elemente gehen die Fachkräfte immer gleich vor.

- In einem ersten Schritt wählen sie eine Gruppe von maximal fünf Kindern aus, die ungefähr gleich alt sind und über ähnliche Kompetenzen verfügen.

- Der ersten Gruppe wird nun in einer gesonderten Aktivität der Umgang mit dem ersten Element beschrieben. Die Kinder probieren das Element aus und können ihre Fragen dazu stellen.

- In der **ersten Woche** können nur diese Kinder das Element nutzen. Die Fachkräfte erinnern sie regelmäßig an die Dokumentation und fordern sie dazu auf, sich damit auseinander zu setzen.

- Bei Materialien aus dem vorliegenden Buch, die nur in größeren Abständen eingesetzt werden, begleitet die Fachkraft die Kinder individuell bei der Bearbeitung.

- Am Ende der ersten Woche tauschen sich die Fachkräfte einer Gruppe in einem kurzen Gespräch über ihre ersten Erfahrungen aus. Sollte es in der Gruppe nur eine Fachkraft geben, tauscht sich diese mit einer anderen Kollegin aus oder schließt sich den Kolleginnen einer anderen Gruppe an.

- In der **zweiten Woche** führt die Fachkraft das gleiche Prozedere mit einer weiteren Gruppe durch. Dieses Vorgehen wiederholt sie, bis alle Kinder das Element kennen und ausprobiert haben. Dabei können ab der dritten Woche jeweils zwei Gruppen pro Woche eingeführt werden.

- Am Ende einer Woche gibt es einen informellen Austausch zwischen den Fachkräften.

- Die Fachkraft achtet darauf, dass die Kinder neben dem Umgang mit diesem Element auch die Einsortierung und den Umgang mit dem Portfolioordner und -karton kennen lernen.

11. Schritt: Reflexionsgespräch über die Erprobung und Implementation des ersten Elements

Ziele

- Die pädagogischen Fachkräfte kennen die Situation in allen Gruppen.

- Aufgetretene Probleme sind allen bekannt.

- Die pädagogischen Fachkräfte unterstützen sich bei der Umsetzung.

- Das Team beschließt ein verbindliches Verfahren im Umgang mit dem ersten Element.

- Das Element des Kompetenzportfolios im Portfoliokonzept ist erarbeitet.

Ressourcen

Am elften Schritt nehmen alle pädagogischen Fachkräfte teil.

Es müssen je nach Einrichtungsgröße zwischen zwei und drei Stunden für eine Teamsitzung eingeplant werden.

Vorbereitung und Methodik

Dieser Schritt wird in einer Teamsitzung bearbeitet.

Die pädagogischen Fachkräfte bringen ihre Portfolioaufzeichnungen im Entwicklungsportfolio und die Dokumentationen der Kinder mit. Das vorläufige Portfoliokonzept sowie der Zeitplan liegen allen vor.

Durchführung

Möglichst bald nach der Erprobung findet eine Teamsitzung statt, in der sich die Fachkräfte über ihre Erfahrungen austauschen und mögliche Probleme identifizieren.

Die Moderatorin stellt die Ziele vor.

Themen bzw. Fragen dieser Teamsitzung sind:

- Wie wurde das Element eingeführt?

- Welche Erfahrungen habe ich mit der Einführung gemacht?

- Wie haben die Kinder den Portfoliogedanken und das erste Element angenommen?

- Gab es Kinder, die es sehr gerne nutzten und ausprobierten, und gab es Kinder, die wenig Interesse zeigten?

- Welche Erfahrungen habe ich mit dem neuen Element gemacht?

- Was funktionierte besonders gut?

- Sind die eingerichteten Zeitspannen für die Kinder ausreichend, um das Element zu bearbeiten?

- An welche Stellen zeichnen sich Probleme ab? Wie sind diese zu beheben?

- Gibt es bereits Auswirkungen auf den pädagogischen Alltag oder die pädagogische Planung?

Das Team arbeitet die Fragen in der gemeinsamen Diskussion ab. Sollte alles problemlos verlaufen sein, ist das erste Element des Kompetenzportfolios implementiert und gehört von nun an zum Gruppenalltag.

Falls sich aus der Teamsitzung Umsteuerungsnotwendigkeiten, d. h. Änderungen am vorläufigen Konzept, ergeben sollten, müssen diese in die Skizze aufgenommen und das weitere Vorgehen darauf angepasst werden.

In der Reflexionsphase wird dieses Element endgültig für das Konzept formuliert.

Am Ende der Teamsitzung wird die Zielerreichung überprüft.

12. Schritt: Erprobung der anderen vom Team ausgewählten Elemente

Die Erprobung und Implementierung der anderen Elemente des Kompetenzportfolios werden analog zum neunten und elften Schritt durchgeführt.

13. Schritt: Erarbeitung eines Modells für ein Familienportfolio

Ziele

- Es gibt einen Zeitplan zur Information und einen Termin für eine zweite Informationsveranstaltung für die Familien.

- Es gibt ein den Bedürfnissen der Kinder und der Einrichtung angemessenes Konzept für ein Familienportfolio.

Ressourcen

Am dreizehnten Schritt nehmen alle pädagogischen Fachkräfte teil.

Für die Teamsitzung müssen zwei Stunden eingeplant werden. Zusätzlich benötigen zwei Fachkräfte oder die Moderatorin ca. zwei Stunden, um das Ergebnis skizzenhaft in einem vorläufigen Konzept festzuhalten.

Für jede Familie muss ein Ordner angeschafft werden.

Vorbereitung und Methodik

Dieser Schritt wird in einer Teamsitzung bearbeitet.

Die pädagogischen Fachkräfte bringen ihre Portfolioaufzeichnungen im Entwicklungsportfolio und die Dokumentationen der Kinder mit. Das vorläufige Portfoliokonzept liegt allen vor.

Durchführung

Die Moderatorin beginnt mit der Vorstellung der Ziele nach dem bekannten Verfahren.

Die Moderatorin stellt die Arbeitsaufträge vor:

- Diskutieren Sie, in welcher Form die Familien in die Portfolioarbeit über das Familienportfolio eingebunden werden sollen?

- Legen Sie fest, welche Elemente den Familien dabei zur Verfügung stehen sollen.

- Entwickeln Sie ein Modell dafür, wie die Informationen von den Familien für Fallbesprechungen und die pädagogischen Planung genutzt werden können.

- Stellen Sie einen Zeitplan für die Erprobung und Reflexion des Familienportfolios vor.

Die Moderatorin leitet die Diskussion und trägt die Beiträge am Flipchart zusammen. Die Teams besprechen in der Diskussion die einzelnen Elemente des Familienportfolios und wägen Aufwand und Nutzen für die eigene Arbeit ab. Zum Ende der Diskussion legen sie fest, welche Elemente den Familien für das Familienportfolio bereit gestellt werden sollen. Dabei wird auf die Unterschiedlichkeiten der Familien Rücksicht genommen und jeder Familie die Möglichkeit der Beteiligung geboten. Am Ende gibt es eine verbindliche Auswahl.

Das Team findet einen Termin für eine gemeinsame Informationsveranstaltung mit den Familien und legt einen Zeitplan für die Einführung des Familienportfolios fest.

Am Ende dieser Teamsitzung wird die Zielerreichung nach bekanntem Modell überprüft.

14. Schritt: Durchführung der zweiten Informationsveranstaltungen für Familien

Ziele

Die Familien kennen ihre Möglichkeiten der Mitgestaltung in Form des Familienportfolios.

Ressourcen

Für den 14. Schritt reicht es, wenn eine Delegation der Fachkräfte teilnimmt. Es müssen aber alle Gruppen sowie die Einrichtungsleitung und die Moderatorin teilnehmen.

Es müssen eine bis eineinhalb Stunden für einen Informationsabend für Familien eingeplant werden. Darüber hinaus muss ca. eine Stunde für die Vorbereitung der Veranstaltung pro Einrichtung eingeplant werden.

Vorbereitung und Methodik

Der 14. Schritt ist ein Familieninformationsangebot. Diese Veranstaltung findet für die gesamte Einrichtung statt. Der Termin sollte die Bedürfnisse der Familien und die Geflogenheiten der Einrichtung berücksichtigen.

Die Inhalte dieser Informationsveranstaltung ergeben sich aus der bisherigen Beschäftigung mit der eigenen Dokumentation und dem Portfolio.

Die Familien müssen eingeführt werden in

- Das Familienportfolio
- Die Elemente des Familienportfolios
- Die konkreten Möglichkeiten der Dokumentation
- Den Nutzen der Aufzeichnungen für die individuelle Förderung ihrer Kinder.

Durchführung

Die Fachkräfte teilen den Familien rechtzeitig den Termin für die Informationsveranstaltung und das Thema mit. Sie sprechen sie persönlich an, um ihnen die Bedeutung des Themas für ihr Kind zu vermitteln.

Die Fachkräfte sollten sich von den Familien einen Teilnahmecoupon zurückgeben lassen, um die Anzahl der Teilnehmer absehen zu können. Gegebenenfalls sollten sie den Termin verschieben und nochmals das Gespräch mit den Familien suchen, die am ersten Termin nicht teilnehmen konnten.

Der Raum, in dem die Informationsveranstaltung stattfindet, sollte freundlich hergerichtet sein und dem Anlass entsprechen. Wenn die Möglichkeit besteht, kalte Getränke und Gebäck anzubieten, wäre das wünschenswert.

Die Moderatorin führt mit einer oder zwei ausgewählten Kolleginnen durch die Veranstaltung.

Die Familien werden begrüßt und die Tagesordnung wird vorgestellt. Auf der Tagesordnung finden sich die oben benannten Themen wieder.

Die Inhalte werden den Familien in einem anschaulichen Vortrag vermittelt. Dabei greifen die Referentinnen auch auf Visualisierungen am Flipchart oder möglicherweise auf digitale Medien zurück.

Zwischen den einzelnen Themenblöcken ist Zeit für Verständnisfragen.

Nach der Vorstellung aller Inhalte moderiert die Moderatorin den abschließenden Austausch.

Am Ende der Veranstaltung wird gezeigt, wo die Ordner stehen.

Der Konzeptbaustein Familienportfolio ist nun für die Erprobung frei. In regelmäßigen Abständen muss sich das Team nun über die Akzeptanz dieses Verfahrens durch die Familien austauschen. Auf jeden Fall sollten die Familien individuell angesprochen werden, falls sie das Portfolio nicht nutzen oder noch Fragen haben. Möglicherweise kann es auch vorkommen, dass ein Team den dreizehnten und vierzehnten Schritt wiederholen und verändern muss, damit sich die Akzeptanz bei den Familien erhöht. Allerdings sollte den Familien genügend Zeit zur Erprobung und Gewöhnung gegeben werden. Regelmäßige Entwicklungsgespräche erhöhen die Akzeptanz zusätzlich und liefern darüber hinaus noch viele weitere Informationen über die Kinder.

Wenn nach einiger Zeit das Modell problemlos funktioniert, ist das Familienportfolio implementiert.

3.3.3 Reflexionsphase

In dieser Phase wird das Portfoliokonzept fertig gestellt und der Arbeitsprozess reflektiert. Der letzte Schritt besteht darin, gemeinsam mit den Trägervertretern einen Standard für die Arbeit mit dem Portfolio zu formulieren.

15. Schritt: Reflexion der Implementation

Ziele

- Für alle Gruppen der Einrichtung sind alle Portfolioarten und Elemente erprobt worden.
- Die Fachkräfte kennen die Problematiken in der Arbeit mit dem Portfolio.

- Die Fachkräfte haben gemeinsam Lösungen für die Problematiken entwickelt.

Ressourcen

Am 15. Schritt nehmen alle pädagogischen Fachkräfte teil.

Es müssen zwei Stunden für die für die Teamsitzung eingeplant werden.

Vorbereitung und Methodik

Der fünfzehnte Schritt wird in einer Teamsitzung abgearbeitet.

Für die Teamsitzung müssen zwischen zwei und drei Stunden eingeplant werden.

Die Fachkräfte bringen ihre sämtlichen Aufzeichnungen mit. Darüber hinaus liegen alle Protokolle des Prozesses und das vorläufige Konzept vor.

Durchführung

Zunächst findet die Vorstellung der Ziele durch die Moderatorin statt.

Die Moderatorin stellt dann die Arbeitsaufträge vor:

- Schauen Sie sich zunächst den gesamten Bearbeitungsprozess an, und zwar von der ersten Teamsitzung bis zu dieser. Bewerten Sie diesen Prozess kritisch für Ihre Einrichtung. Suchen Sie nach Entwicklungsbremsen und nach den Entwicklungsprozess förderlichen Aspekten.

- Betrachten Sie nun nacheinander alle vorgestellten Portfolioarten mit Ausnahme des Vorstellungsportfolios (dazu gibt es einen gesonderten Schritt).

- Betrachten Sie diese unter folgenden Fragestellungen: Wie zufrieden bin ich mit dem von uns entwickelten Konzept? Sind die Elemente optimal nach unseren Bedingungen entwickelt? Wie hilfreich sind dabei die angebotenen Materialien? Haben wir einen weiteren Bedarf an unterstützenden Materialien? Welche Entwicklungsschritte sind für andere Prozesse nutzbar und können Bestandteil unserer gemeinsamen Team-

arbeit werden? Welche Entwicklungsschritte sind für unseren Arbeitsprozess noch optimierbar?

Die Moderatorin achtet im laufenden Prozess darauf, dass sich möglichst alle Kolleginnen äußern. Im Abschluss an die Reflexion sollte eine klare Position des Teams stehen und der Arbeitsauftrag an zwei bis drei Kolleginnen gehen, das Portfoliokonzept nun schriftlich auszuformulieren.

Zum Abschluss der Reflexion wird die Zielerreichung überprüft.

16. Schritt: Umgang mit dem Vorstellungsportfolio

Ziele

Es gibt ein Modell, wie gemeinsam mit den Kindern und den Familien Vorstellungsportfolios zusammengestellt werden.

Ressourcen

An der Bearbeitung des 16. Schrittes nehmen alle Fachkräfte teil.

Da es sich hierbei um einen schnell zu bearbeitenden Arbeitsauftrag handelt, reicht innerhalb einer Teamsitzung ca. eine Stunde.

Vorbereitung und Methodik

Die Bearbeitung wird in einer Teamsitzung angegangen.

Allen Fachkräften liegen die Protokolle und das vorläufige Portfoliokonzept vor.

Durchführung

Die Moderatorin stellt das Ziel vor.

Danach beschreibt sie die Aufgabe für die Besprechung. Die folgenden Fragen müssen dabei beantwortet werden:

- Welche Dokumente des Entwicklungsportfolios stellen wir für das Vorstellungsportfolio bereit?

- Gibt es einen kurzen Entwicklungsbericht, der sich aus den Aufzeichnungen des Entwicklungsportfolios ergibt?

- Welche Dokumente des Kompetenzportfolios sollen mit ins Vorstellungsportfolio?

- Wie werden die Kinder und Familien einbezogen?

- Wie wird das Vorstellungsportfolio optisch gestaltet?

- Wie ist das Vorstellungsportfolio gegliedert?

Nach der Klärung dieser Fragen entsteht für das Vorstellungsportfolio ein Leitfaden bzw. ein Konzeptteil. Dieser ist für die Einrichtung und somit für alle Gruppen bindend. Alle Vorstellungsportfolios werden in Zukunft nach diesem Leitfaden zusammengestellt.

Am Ende der Teamsitzung wird die Erreichung der Ziele überprüft.

17. Schritt: Formulierung des Portfoliokonzeptes

Ziele

Es gibt ein für alle Gruppen verbindliches Portfoliokonzept.

Ressourcen

Zwei bis drei Fachkräfte formulieren das Konzept. Für die schriftliche Ausarbeitung des Portfoliokonzeptes auf der Grundlage des vorläufigen Konzeptes und der Erprobungs- und Implementationsphase müssen ca. 20 Stunden geplant werden. Bei zwei bis drei Fachkräften sind das pro Fachkraft zehn bzw. ca. sieben Stunden.

Alle pädagogischen Fachkräfte lesen nach Fertigstellung das Konzept gegen.

Vorbereitung und Methodik

Die schriftliche Formulierung des Konzeptes findet in Kleingruppen oder in Einzelarbeit statt.

Den Fachkräften müssen die kompletten Unterlagen des Entwicklungsprozesses zur Verfügung stehen sowie einige Beispiele aus einem Entwicklungs-, einem Kompetenz- und einem Familienportfolio.

Für das Lesen des Konzeptes benötigt jede Fachkraft zwischen einer und zwei Stunden.

Durchführung

Die Fachkräfte, die das Konzept formulieren, werden vom Team gewählt. Im Team wird ein redaktioneller Fertigstellungstermin vereinbart.

Die Moderatorin sorgt für ein ausreichendes Zeitbudget und für die Ressourcen, die die Kolleginnen für die Fertigstellung benötigen. Darüber hinaus achtet sie darauf, dass die Arbeit zum verabredeten Termin fertig wird.

Die schreibenden Fachkräfte verteilen die Bereiche bzw. Aufgaben untereinander und beginnen mit dem Anfertigen der Textteile.

Die ersten Entwürfe sollten untereinander noch einmal geprüft und möglicherweise überarbeitet werden.

Nach der Überprüfung aller Textteile werden diese im Portfoliokonzept zusammengeführt und die Übergänge angepasst.

Das Portfolio ist nun fertig. Alle Kolleginnen bekommen vierzehn Tage Zeit, um das Konzept zu lesen. Sollten noch Diskussionsbedarf oder Unklarheiten auftreten, werden diese in einer Teambesprechung geklärt. Änderungen müssen dann ins Konzept aufgenommen werden.

Nach diesem Überarbeitungsvorgang ist das vom Team entwickelte Portfoliokonzept fertig.

18. Schritt: Ergebnissicherung

Ziele

- Es gibt in der Einrichtung einen verlässlichen Standard zur Arbeit mit dem Portfolio.

- Die Trägervertreter, Familien und Fachkräfte kennen den Standard und die Aufgaben, die mit ihm verbunden sind.

- Fachkräfte und Familien, die neu in die Einrichtungen kommen, gibt der Standard einen schnellen fachlichen Einblick in die Portfolioarbeit dieser Einrichtung.

Ressourcen

Die Gesprächsrunde findet mit den Fachkräften, die das Konzept geschrieben haben, der Moderatorin, der Leiterin, ein bis zwei Trägervertretern und einem Elternvertreter statt.

Für dieses Gespräch müssen ca. zwei bis zweieinhalb Stunden eingeplant werden, für die schriftliche Ausarbeitung ca. zwei Stunden.

Vorbereitung und Methodik

Gesprächsrunde mit Vertretern aller beteiligten Gruppen. Die Einladung geht frühzeitig an alle Teilnehmer.

Die Moderatorin bereitet sich darauf vor, den Beteiligten zu erklären, was ein Standard ist und wozu er notwendig ist.

Allen sollte vor der Gesprächsrunde das Konzept vorliegen.

Durchführung

Phase eins — Gesprächsrunde — zwei bis zweieinhalb Stunden

Die Moderatorin stellt die Entwicklungsarbeiten vor und berichtet von den Erfahrungen aus der Praxis. Sie erklärt, welche Funktion ein Standard hat und wie dieser im Kontext der vorliegenden Entwicklungsarbeit zu verstehen ist.

In der Arbeitsgruppe wird gemeinsam über die Formulierung des Standards diskutiert. Wenn am Ende der Diskussion ein Vorschlag für die Inhalte und die Formulierung vorliegt, beauftragt die Gruppe zwei Mitglieder, darauf basierend den Standard zu formulieren.

Phase zwei — Formulierung des Standards — zwei Stunden

Die beauftragten Mitglieder der Standardentwicklungsgruppe formulieren einen Standard zur Dokumentation.

Phase drei — Abschließende Beratung

In dieser Sitzung wird der Standard verabschiedet. Die Einrichtung wie der Träger haben somit einen verlässlich Standard für die Einrichtung erarbeitet, der diese charakterisiert und den Eltern Verlässlichkeit demonstriert.

Ausblick

Teams, die sich zum Ziel gesetzt haben, die Portfolioarbeit zum Bestandteil ihrer pädagogischen Arbeit zu machen, haben nun einen intensiven Arbeitsprozess hinter sich. Sie werden durch einige Tiefen gegangen sein, aber sicherlich haben sie auch viele Erfolge erlebt und von Seiten der Familien und Kinder positives Feedback bekommen.

Auf jeden Fall haben Teams ein verlässliches Dokumentationssystem in Form der Portfolioarbeit eingeführt und die Vorzüge und Erleichterungen sicherlich schnell gespürt. Aber die Entwicklung muss an dieser Stelle nicht aufhören. Die Verknüpfung der Portfolioarbeit mit einem schlüssigen Konzept ist nur ein kleinerer weiterer Schritt. Die systematisch gewonnenen Erkenntnisse über die Kinder der Gruppe können nun leicht für die Gestaltung der Erziehungs- und Bildungsprozesse genutzt werden.

Mit der Einführung der Portfolioarbeit bieten Einrichtungen den Kindern und den Familien mehr Partizipationsmöglichkeiten und Verantwortung an. Erziehungspartnerschaften bekommen in diesem Kontext mehr Bedeutung und die selbstinitiierten Lernprozesse der Kinder werden optimal unterstützt. Der Blick auf die eigene Arbeit, die Kinder und die Familien kann sich während der Auseinandersetzung verändern und somit auch weiter professionalisieren.

Ein Leitfaden kann aber nicht alle Detailfragen beantworten. Viele Fragen müssen die Teams eigenständigen klären. Auch werden bei den Moderatorinnen umfangreiche Kenntnisse über Methoden, Teamführung und Inhalte der Bildungsvereinbarungen vorausgesetzt. Diese sind in der Praxis unterschiedlich ausgeprägt, so dass Moderatorinnen und Teams an den eigenen Anforderungen wachsen können, wenn sie bereit sind, diese gemeinsam anzugehen. In einem solch komplexen Prozess zeigt sich bei einzelnen Fachkräften, aber auch beim Team Fortbildungsbedarf. Dies sollte als Chance begriffen werden – für die eigene professionelle Entwicklung und damit auch für die Qualität der Einrichtung.

Literatur

Bostelmann, Antje (2007): Das Portfolio-Konzept für Kita und Kindergarten. Mühlheim a. d. R.: Verlag An der Ruhr

Bostelmann, Antje (2007): So gelingen Portfolios in Kita und Kindergarten. Mühlheim a. d. R.: Verlag An der Ruhr

Griebel, Wilfried / Niesel, Renate (2004): Transitionen. Fähigkeit von Kindern in Tageseinrichtungen fördern, Veränderungen erfolgreich zu bewältigen. Berlin, Düsseldorf, Mannheim: Cornelsen Verlag Scriptor

Groot-Wilken, Bernd (2007): Bildungsprozesse in Kindergarten und KiTa planen und dokumentieren. Freiburg i. B.: Herder

Groot-Wilken, Bernd (2007): Mit Portfolios arbeiten. Kindergarten heute 4 / 2007, S. 14–19

Groot-Wilken, Bernd / Warda, Leslie (2007): Entwicklungsgespräche in Kindergarten und KiTa. Vorbereiten, durchführen, dokumentieren. Freiburg. i. B.: Herder

Jacobs, Dorothee (2007): Kreative Dokumentation. Dokumentationsmethoden für Kindertageseinrichtungen. Berlin, Düsseldorf, Mannheim: Cornelsen Verlag Scriptor

Kinder beobachten und ihre Entwicklung dokumentieren. Sonderheft Kindergarten heute. Freiburg: Herder

Krok, Göran / Lindewald, Maria (2007): Portfolios im Kindergarten – das schwedische Modell. Mühlheim a. d. R.: Verlag An der Ruhr

Lueger, Dagmar (2006): Beobachtung leicht gemacht. Beobachtungsbögen zur Erfassung kindlichen Verhaltens und kindlicher Entwicklungen. Berlin, Düsseldorf, Mannheim: Cornelsen Verlag Scriptor

Shores, Elizabeth F. / Grace, Cathy (2005): Das Portfolio-Buch für Kindergarten und Grundschule. Mühlheim a. d. R.: Verlag An der Ruhr

Strätz, Rainer / Demandewitz, Helga (2005): Beobachten und Dokumentieren in Tageseinrichtungen für Kinder. Berlin, Düsseldorf, Mannheim: Cornelsen Verlag Scriptor

Strätz, Rainer / Demandewitz, Helga (2003): Beobachten. Anregungen für Erzieherinnen im Kindergarten. Weinheim, Basel: Beltz

Textor, Martin (1996): Projektarbeit in Kindertageseinrichtungen: theoretische und praktische Grundlagen. http://www.kindergarten paedagogik.de/14.html

Tietze, Wolfang / Viernickel, Susanne (Hrsg.) (2007): Pädagogische Qualität in Tageseinrichtungen für Kinder. Ein Nationaler Kriterienkatalog. Berlin, Düsseldorf, Mannheim: Cornelsen Verlag Scriptor

Tietze, Wolfgang (Hrsg.) (2007): Pädagogische Qualität entwickeln. Berlin, Düsseldorf, Mannheim: Cornelsen Verlag Scriptor

Viernickel, Susanne / Völkel, Petra (2005): Beobachten und dokumentieren im pädagogischen Alltag. Freiburg: Herder

Beobachtung und Dokumentation von Bildungsverläufen

Dagmar Lueger
Beobachtung leicht gemacht
Beobachtungsbögen zur Erfassung kindlichen
Verhaltens und kindlicher Entwicklung
2005, 96 Seiten, kartoniert
ISBN 978-3-589-25349-4

Grundlage für die professionelle pädagogische Arbeit ist die Beobachtung. Doch wie sieht das in der Praxis aus und wie werden die Ergebnisse dokumentiert?

Das in Zusammenarbeit mit Ärzten, Sprachheilpädagogen und anderen Fachkräften entstandene Buch bietet entwicklungspsychologisch begründete und einfach handhabbare Beobachtungsbögen zur Erfassung des kindlichen Entwicklungsstandes und zur Dokumentation von Förderaktivitäten.

Damit behalten Sie nicht nur die Entwicklung des einzelnen Kindes im Blick, sondern haben auch die Möglichkeit, die eigenen pädagogischen Interventionen zu überprüfen.

www.cornelsen.de/
fruehe-kindheit

So macht Dokumentieren Spaß!

Dorothee Jacobs
Kreative Dokumentation
Dokumentationsmodelle
für Kindertageseinrichtungen
2006, 144 Seiten, kartoniert
ISBN 978-3-589-25418-7

Die Autorin zeigt, dass Dokumentieren Spaß machen kann. Sie stellt fantasievolle Modelle vor, die das gesamte Spektrum des bunten Kita-Alltags in seinen Sinnzusammenhängen festhalten. Detaillierte Zeichnungen, Werkanleitungen und Fotos, ergänzt durch viele handwerkliche Tipps, machen das Nachbauen leicht und lassen dem eigenen Gestaltungswillen Raum.

Giga-Ordner, Portfolio, Zackbuch oder Doku-Soap im Ökofernseher – individuelle Dokumentationsformen für ganz unterschiedliche Adressaten und Zwecke laden alle zu einem intensiven, spannenden Austausch über die Inhalte und Ereignisse im Kindergartenalltag ein.

www.cornelsen.de/
fruehe-kindheit